4 기탄급수한자
급 빨리따기

4급, 4급Ⅱ 공용 4급은 ①②③④⑤과정 … 니다. **③과정**

KB126992

 왜, 기탄급수한자일까요?

전국적으로 초,중,고 학생들에게 급수한자 열풍이 대단합니다.
2005학년도 대학수학능력시험부터 제 2외국어 영역에 한문과목이 추가되고, 한자공인급수 자격증에 대한 각종 특전이 부여됨에 따라 한자조기 교육에 가속도가 붙고 있습니다. 이러한 교육환경에서 초등학생의 한자학습에 대한 열풍은 자연스럽게 한자능력검정시험에까지 이어지고 있습니다.
이에 발맞추어 기탄교육은 국내 유일의 초등학생 전용 급수한자 학습지 「기탄급수한자 빨리따기」를 선보이게 되었습니다. 「기탄급수한자 빨리따기」는 초등학생의 수준에 딱 맞도록 구성되어 더욱 쉽고 빠르게 원하는 급수를 취득할 수 있습니다. 이제 초등학생들의 한자능력검정시험 준비는 「기탄급수한자 빨리따기」로 시작하세요. 한자학습의 목표를 정해 주어 학습성취도가 높고, 공부하는 재미를 동시에 느낄 수 있습니다.

「기탄급수한자 빨리따기」 이런 점이 좋아요.

• 두꺼운 분량의 문제집이 아닌 각 급수별로 분권하여 학습성취도가 높습니다.

• 충분한 쓰기 연습량으로 목표하는 급수 자격증을 빠르게 취득할 수 있습니다.

• 출제유형을 꼼꼼히 분석한 기출예상문제풀이로 시험대비에 효과적입니다.

• 만화, 전래동화, 수수께끼 등 다양한 학습법으로 지루하지 않게 공부합니다.

한자능력검정시험이란 무엇인가요?

 사단법인 한국어문회에서 주관하고 한국한자능력검정회가 시행하는 한자 활용능력 시험을 말합니다. 1992년 12월 9일 1회 시험이 시행되었고, 2001년 1월 1일 이후로 국가 공인자격시험(1급~3급Ⅱ)으로 치러지고 있습니다.

 한자능력검정시험은 언제, 어떻게 치르나요?

 정규 시험은 공인급수 시험과 교육급수 시험을 별도로 실시합니다. (한국 한자능력검정회 홈페이지 참조 http://www.hanja.re.kr)
응시 자격은 8급~특급까지 연령, 성별, 학력 제한 없이 모든 급수에 응시할 수 있습니다.

 한자능력검정시험에는 어떤 문제가 나오나요?

 급수별로 자세한 내용은 다음과 같습니다.

한자능력검정시험 출제 유형

구분	특급	특급Ⅱ	공인급수					교육급수							
			1급	2급	3급	3급Ⅱ	4급	4급Ⅱ	5급	5급Ⅱ	6급	6급Ⅱ	7급	7급Ⅱ	8급
읽기 배정 한자	5,978	4,918	3,500	2,355	1,817	1,500	1,000	750	500	400	300	225	150	100	50
쓰기 배정 한자	3,500	2,355	2,005	1,817	1,000	750	500	400	300	225	150	50	0	0	0
독음	50	50	50	45	45	45	32	35	35	35	33	32	32	22	24
훈음	32	32	32	27	27	27	22	22	23	23	22	29	30	30	24
장단음	10	10	10	5	5	5	3	0	0	0	0	0	0	0	0
반의어	10	10	10	10	10	10	3	3	3	3	3	2	2	2	0
완성형	15	15	15	10	10	10	5	5	4	4	3	2	2	2	0
부수	10	10	10	5	5	5	3	3	0	0	0	0	0	0	0
동의어	10	10	10	5	5	5	3	3	3	3	2	0	0	0	0
동음이의어	10	10	10	5	5	5	3	3	3	3	2	0	0	0	0
뜻풀이	10	10	10	5	5	5	3	3	3	3	2	2	2	2	0
필순	0	0	0	0	0	0	0	0	3	3	3	3	2	2	2
약자	3	3	3	3	3	3	3	3	3	3	0	0	0	0	0
한자 쓰기	40	40	40	30	30	30	20	20	20	20	20	10	0	0	0

※쓰기 배정 한자는 한두 급수 아래의 읽기 배정 한자이거나 그 범위 내에 있습니다.
※출제 유형표는 기본 지침 자료로서, 출제자의 의도에 따라 차이가 있을 수 있습니다.

한자능력검정시험의 급수는 어떻게 나누어지나요?

 한자능력검정시험은 공인급수와 교육급수로 나누어져 있으며,
8급에서 1급까지 배정되어 있습니다. 특급·특급Ⅱ는 민간자격급수입니다.

한자능력검정시험 급수 배정표

급수		읽기	쓰기	수준 및 특성
교육급수	8급	50	0	한자 학습 동기 부여를 위한 급수
	7급Ⅱ	100	0	기초 상용한자 활용의 초급 단계
	7급	150	0	기초 상용한자 활용의 초급 단계
	6급Ⅱ	225	50	기초 상용한자 활용의 중급 단계
	6급	300	150	기초 상용한자 활용의 고급 단계
	5급Ⅱ	400	225	중급 상용한자 활용의 초급 단계
	5급	500	300	중급 상용한자 활용의 초급 단계
	4급Ⅱ	750	400	중급 상용한자 활용의 중급 단계
	4급	1,000	500	중급 상용한자 활용의 고급 단계
공인급수	3급Ⅱ	1,500	750	고급 상용한자 활용의 초급 단계
	3급	1,817	1,000	고급 상용한자 활용의 중급 단계
	2급	2,355	1,817	상용한자를 활용하는 것은 물론 인명지명용 기초한자 활용 단계
	1급	3,500	2,005	국한혼용 고전을 불편 없이 읽고, 연구할 수 있는 수준 초급
특급Ⅱ		4,918	2,355	국한혼용 고전을 불편 없이 읽고, 연구할 수 있는 수준 중급
특급		5,978	3,500	국한혼용 고전을 불편 없이 읽고, 연구할 수 있는 수준 고급

한자능력검정시험 합격 기준표

구분	특급·특급Ⅱ	공인급수				교육급수								
		1급	2급	3급	3급Ⅱ	4급	4급Ⅱ	5급	5급Ⅱ	6급	6급Ⅱ	7급	7급Ⅱ	8급
출제문항수	200	200	150	150	150	100	100	100	100	90	80	70	60	50
합격문항수	160	160	105	105	105	70	70	70	70	63	56	49	42	35
시험시간	100분	90분	60분			50분								

※특급·특급Ⅱ·1급은 출제 문항수의 80% 이상, 2급~8급은 70% 이상 득점하면 합격입니다.

한자능력검정시험에 합격하면 어떤 좋은 점이 있나요?

• 1급~3급Ⅱ를 취득하면 국가 공인 자격증으로서, 초·중·고등학교 생활 기록부의 자격증란에 기재되고, 4급~8급을 취득하면 세부 능력 및 특기 사항란에 기재됩니다.
• 대학 입시 수시 모집 및 특기자 전형에 지원이 가능합니다.
• 대학 입시 면접에 가산점 부여 및 졸업 인증, 학점 반영 등 혜택이 주어집니다.
• 언론사, 기업체의 입사·승진 등 인사 고과에 반영됩니다.

4급 4급Ⅱ 한자 1000자를 ①, ②, ③, ④, ⑤과정으로 분권하여 구성하였습니다. 두꺼운 분량의 책으로 공부할 때보다 학습자의 성취감을 높여줍니다.

〈장단음〉
한자의 장단음을 표기하였습니다.
'ː' 는 長音 漢字표시이며 '(ː)' 은 長·短 두 가지로 발음되는 漢字 표시입니다.

〈자원〉
한자가 만들어진 유래를 밝혀 음훈의 기억을 돕습니다.
(자원의 해석은 여러 학설이 있습니다.)

〈그림〉
한자의 훈에 해당하는 개념을 그림으로 표현하여 쉽게 이해하도록 합니다.

〈획순〉
한자를 바르게 쓸 수 있도록 획순을 제시하였습니다.
(획순은 학자마다 약간씩 견해 차이가 있습니다.)

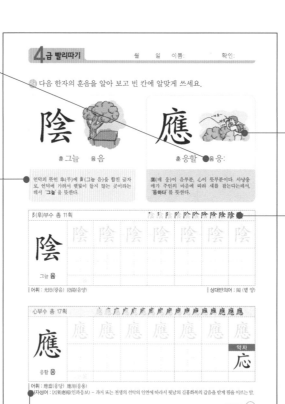

〈어휘〉
다른자와 결합된 단어를 학습하여 어휘력을 높이도록 하였습니다.

〈도입〉
4급 4급Ⅱ 신출한자를 가
나다 순으로 정리하여 그
림과 함께 소개합니다.

〈만화로 익히는 고사성어〉
고사성어를 만화로 표현하여
고사의 유래와 참뜻을 흥미
롭게 익힙니다.

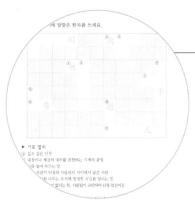

〈퍼즐로 한자를〉
크로스 워드 퍼즐을 통하여 배운
한자의 어휘와 성어를 복습합니다.

〈기출 및 예상문제〉
시험에 출제되었던 문제와
예상 문제를 통하여 실력을
다집니다.

〈부록〉
5급 신출한자 200자를
복습합니다.

〈모의 한자능력 검정시험〉
실제시험 출제 유형과 똑같은
모의한자능력검정시험 3회를
통하여 실전감각을 높일 수
있습니다.

〈답안지〉
실제시험과 똑같은 모양의 답안
작성 연습으로 실수를 줄일 수
있습니다.

ㄱ				
假(가)*	❶ - 10	階(계) ❶ - 49	納(납) ❶ - 94	輪(륜) ❷ - 34
街(가)*	❶ - 10	繼(계) ❶ - 49	努(노)* ❶ - 94	律(률)* ❷ - 35
暇(가)	❶ - 11	鷄(계) ❶ - 50	怒(노)* ❶ - 95	離(리) ❷ - 35
刻(각)	❶ - 11	孤(고) ❶ - 50		
覺(각)	❶ - 12	故(고)* ❶ - 51	ㄷ	ㅁ
干(간)	❶ - 12	庫(고) ❶ - 51	段(단) ❶ - 95	滿(만)* ❷ - 36
看(간)	❶ - 13	穀(곡) ❶ - 58	單(단)* ❶ - 96	妹(매) ❷ - 36
簡(간)	❶ - 13	困(곤) ❶ - 58	端(단) ❶ - 96	脈(맥) ❷ - 37
甘(감)	❶ - 14	骨(골) ❶ - 59	檀(단) ❶ - 97	勉(면) ❷ - 37
減(감)*	❶ - 14	孔(공) ❶ - 59	斷(단) ❶ - 97	鳴(명) ❷ - 38
敢(감)	❶ - 15	攻(공) ❶ - 60	達(달)* ❶ - 98	毛(모)* ❷ - 38
監(감)*	❶ - 15	官(관)* ❶ - 60	擔(담)* ❶ - 98	模(모) ❷ - 39
甲(갑)	❶ - 22	管(관) ❶ - 61	黨(당) ❶ - 99	牧(목) ❷ - 39
降(강)	❶ - 22	鑛(광) ❶ - 61	帶(대)* ❶ - 99	妙(묘) ❷ - 46
康(강)*	❶ - 23	句(구)* ❶ - 62	隊(대) ❶ - 100	墓(묘) ❷ - 46
講(강)*	❶ - 23	求(구)* ❶ - 62	逃(도) ❶ - 100	武(무)* ❷ - 47
個(개)*	❶ - 24	究(구)* ❶ - 63	徒(도) ❶ - 101	務(무)* ❷ - 47
更(갱)	❶ - 24	構(구) ❶ - 63	盜(도) ❶ - 101	舞(무) ❷ - 48
巨(거)	❶ - 25	君(군) ❶ - 70	導(도)* ❷ - 10	未(미)* ❷ - 48
居(거)	❶ - 25	群(군) ❶ - 70	毒(독)* ❷ - 10	味(미)* ❷ - 49
拒(거)	❶ - 26	屈(굴) ❶ - 71	督(독) ❷ - 11	密(밀)* ❷ - 49
據(거)	❶ - 26	宮(궁)* ❶ - 71	銅(동)* ❷ - 11	
傑(걸)	❶ - 27	窮(궁) ❶ - 72	斗(두)* ❷ - 12	ㅂ
儉(검)	❶ - 27	券(권) ❶ - 72	豆(두)* ❷ - 12	拍(박) ❷ - 50
檢(검)*	❶ - 34	卷(권) ❶ - 73	得(득)* ❷ - 13	博(박)* ❷ - 50
激(격)	❶ - 34	勸(권) ❶ - 73	燈(등)* ❷ - 13	髮(발) ❷ - 51
擊(격)	❶ - 35	權(권)* ❶ - 74		妨(방) ❷ - 51
犬(견)	❶ - 35	歸(귀) ❶ - 74	ㄹ	防(방)* ❷ - 58
堅(견)	❶ - 36	均(균) ❶ - 75	羅(라)* ❷ - 14	房(방) ❷ - 58
缺(결)*	❶ - 36	極(극)* ❶ - 75	卵(란) ❷ - 14	訪(방)* ❷ - 59
潔(결)*	❶ - 37	劇(극) ❶ - 82	亂(란) ❷ - 15	拜(배) ❷ - 59
傾(경)	❶ - 37	筋(근) ❶ - 82	覽(람) ❷ - 15	背(배) ❷ - 60
經(경)*	❶ - 38	勤(근) ❶ - 83	略(략) ❷ - 22	配(배) ❷ - 60
境(경)*	❶ - 38	禁(금)* ❶ - 83	兩(량) ❷ - 22	伐(벌)* ❷ - 61
慶(경)*	❶ - 39	奇(기) ❶ - 84	糧(량) ❷ - 23	罰(벌) ❷ - 61
警(경)*	❶ - 39	紀(기) ❶ - 84	慮(려) ❷ - 23	犯(범) ❷ - 62
鏡(경)	❶ - 46	起(기)* ❶ - 85	麗(려) ❷ - 24	範(범) ❷ - 62
驚(경)	❶ - 46	寄(기) ❶ - 85	連(련) ❷ - 24	壁(벽) ❷ - 63
系(계)	❶ - 47	器(기) ❶ - 86	列(렬) ❷ - 25	邊(변)* ❷ - 63
戒(계)	❶ - 47	機(기)* ❶ - 86	烈(렬) ❷ - 25	辯(변) ❷ - 70
季(계)	❶ - 48	ㄴ	錄(록) ❷ - 26	步(보) ❷ - 70
係(계)*	❶ - 48	暖(난)* ❶ - 87	論(론) ❷ - 26	保(보)* ❷ - 71
		難(난)* ❶ - 87	龍(룡) ❷ - 27	普(보) ❷ - 71
			柳(류) ❷ - 27	
			留(류)* ❷ - 34	

假(가) ❶-10
①과정 10쪽

報(보)* ❷-72	城(성)* ❸-13	額(액) ❸-58	乳(유) ❸-97
寶(보)* ❷-72	盛(성) ❸-13	羊(양)* ❸-58	遊(유) ❸-98
伏(복) ❷-73	聖(성)* ❸-14	樣(양) ❸-59	遺(유) ❸-98
復(복)* ❷-73	誠(성)* ❸-14	嚴(엄) ❸-59	儒(유) ❸-99
複(복) ❷-74	聲(성)* ❸-15	如(여)* ❸-60	肉(육)* ❸-99
否(부) ❷-74	細(세)* ❸-15	與(여) ❸-60	恩(은)* ❸-100
府(부)* ❷-75	稅(세)* ❸-22	餘(여)* ❸-61	隱(은) ❸-100
負(부) ❷-75	勢(세)* ❸-22	易(역) ❸-61	陰(음)* ❸-101
婦(부)* ❷-82	素(소)* ❸-23	逆(역)* ❸-62	應(응)* ❸-101
副(부)* ❷-82	笑(소)* ❸-23	域(역) ❸-62	依(의) ❹-10
富(부)* ❷-83	掃(소)* ❸-24	延(연) ❸-63	義(의)* ❹-10
粉(분) ❷-83	俗(속)* ❸-24	硏(연)* ❸-63	疑(의) ❹-11
憤(분) ❷-84	屬(속)* ❸-25	煙(연) ❸-70	儀(의) ❹-11
佛(불)* ❷-84	續(속)* ❸-25	鉛(연) ❸-70	議(의)* ❹-12
批(비) ❷-85	損(손) ❸-26	演(연)* ❸-71	異(이)* ❹-12
非(비)* ❷-85	松(송) ❸-26	燃(연) ❸-71	移(이)* ❹-13
飛(비)* ❷-86	送(송)* ❸-27	緣(연) ❸-72	益(익)* ❹-13
秘(비) ❷-86	頌(송) ❸-27	迎(영) ❸-72	仁(인)* ❹-14
悲(비)* ❷-87	守(수)* ❸-34	映(영) ❸-73	引(인)* ❹-14
備(비)* ❷-87	收(수)* ❸-34	榮(영)* ❸-73	印(인)* ❹-15
碑(비) ❷-94	秀(수) ❸-35	營(영) ❸-74	認(인)* ❹-15
貧(빈)* ❷-94	受(수)* ❸-35	豫(예) ❸-74	
	修(수)* ❸-36	藝(예) ❸-75	**[ㅈ]**
[ㅅ]	授(수)* ❸-36	誤(오)* ❸-75	姉(자) ❹-22
寺(사)* ❷-95	叔(숙) ❸-37	玉(옥)* ❸-82	姿(자) ❹-22
私(사) ❷-95	肅(숙) ❸-37	往(왕)* ❸-82	資(자)* ❹-23
舍(사)* ❷-96	純(순) ❸-38	謠(요) ❸-83	殘(잔) ❹-23
師(사)* ❷-96	崇(숭) ❸-38	容(용)* ❸-83	雜(잡) ❹-24
射(사) ❷-97	承(승)* ❸-39	遇(우) ❸-84	壯(장) ❹-24
絲(사) ❷-97	是(시)* ❸-39	郵(우) ❸-84	帳(장) ❹-25
謝(사)* ❷-98	施(시)* ❸-46	優(우) ❸-85	張(장) ❹-25
辭(사)* ❷-98	視(시)* ❸-46	怨(원) ❸-85	將(장)* ❹-26
散(산)* ❷-99	詩(시)* ❸-47	員(원)* ❸-86	裝(장) ❹-26
殺(살)* ❷-99	試(시)* ❸-47	援(원) ❸-86	腸(장) ❹-27
床(상)* ❷-100	氏(씨) ❸-48	圓(원)* ❸-87	獎(장) ❹-27
狀(상)* ❷-100	息(식)* ❸-48	源(원) ❸-87	障(장)* ❹-34
常(상)* ❷-101	申(신)* ❸-49	危(위) ❸-94	低(저)* ❹-34
象(상)* ❷-101	深(심)* ❸-49	委(위) ❸-94	底(저) ❹-35
想(상)* ❸-10		威(위) ❸-95	賊(적) ❹-35
傷(상) ❸-10	**[ㅇ]**	爲(위)* ❸-95	適(적) ❹-36
宣(선) ❸-11	眼(안)* ❸-50	圍(위) ❸-96	敵(적) ❹-36
舌(설) ❸-11	暗(암)* ❸-50	慰(위) ❸-96	積(적) ❹-37
設(설)* ❸-12	壓(압)* ❸-51	衛(위)* ❸-97	績(적) ❹-37
星(성)* ❸-12	液(액)* ❸-51		籍(적) ❹-38

田(전)* ④-38　　增(증)* ④-84　　治(치)* ⑤-25　　限(한)* ⑤-62
專(전) ④-39　　證(증)* ④-84　　置(치)* ⑤-25　　閑(한) ⑤-63
錢(전) ④-39　　支(지)* ④-85　　齒(치) ⑤-26　　抗(항) ⑤-63
轉(전) ④-46　　至(지)* ④-85　　侵(침) ⑤-26　　航(항) ⑤-70
折(절) ④-46　　志(지)* ④-86　　針(침) ⑤-27　　港(항)* ⑤-70
絶(절)* ④-47　　持(지) ④-86　　寢(침) ⑤-27　　解(해)* ⑤-71
占(점) ④-47　　指(지)* ④-87　　稱(칭) ⑤-34　　核(핵) ⑤-71
點(점) ④-48　　智(지) ④-87　　　　　　　　　香(향) ⑤-72

ㅋ

接(접)* ④-48　　誌(지) ④-94　　快(쾌)* ⑤-34　　鄕(향)* ⑤-72
丁(정) ④-49　　職(직)* ④-94　　　　　　　　　虛(허) ⑤-73

ㅌ

政(정)* ④-49　　織(직) ④-95　　彈(탄) ⑤-35　　憲(헌) ⑤-73
程(정)* ④-50　　珍(진) ④-95　　歎(탄) ⑤-35　　險(험) ⑤-74
精(정)* ④-50　　眞(진) ④-96　　脫(탈) ⑤-36　　驗(험)* ⑤-74
整(정) ④-51　　陣(진) ④-96　　探(탐) ⑤-36　　革(혁) ⑤-75
靜(정) ④-51　　進(진)* ④-97　　態(태)* ⑤-37　　賢(현) ⑤-75
制(제)* ④-58　　盡(진) ④-97　　擇(택) ⑤-37　　顯(현) ⑤-82
帝(제) ④-58　　　　　　　　　　討(토) ⑤-38　　血(혈)* ⑤-82

ㅊ

除(제)* ④-59　　次(차)* ④-98　　痛(통) ⑤-38　　協(협)* ⑤-83
祭(제)* ④-59　　差(차) ④-98　　統(통)* ⑤-39　　刑(형) ⑤-83
提(제) ④-60　　讚(찬) ④-99　　退(퇴)* ⑤-39　　惠(혜) ⑤-84
製(제)* ④-60　　察(찰)* ④-99　　投(투) ⑤-46　　戶(호)* ⑤-84
際(제)* ④-61　　創(창)* ④-100　鬪(투) ⑤-46　　好(호)* ⑤-85

ㅍ

濟(제) ④-61　　採(채) ④-100　波(파)* ⑤-47　　呼(호) ⑤-85
早(조)* ④-62　　冊(책) ④-101　派(파) ⑤-47　　護(호)* ⑤-86
助(조)* ④-62　　處(처)* ④-101　破(파) ⑤-48　　或(혹) ⑤-86
造(조) ④-63　　泉(천) ⑤-10　　判(판) ⑤-48　　混(혼) ⑤-87
鳥(조)* ④-63　　請(청) ⑤-10　　篇(편) ⑤-49　　婚(혼) ⑤-87
條(조) ④-70　　聽(청) ⑤-11　　評(평) ⑤-49　　紅(홍) ⑤-94
組(조) ④-70　　廳(청) ⑤-11　　閉(폐) ⑤-50　　華(화) ⑤-94
潮(조) ④-71　　招(초) ⑤-12　　布(포)* ⑤-50　　貨(화)* ⑤-95
存(존) ④-71　　銃(총)* ⑤-12　　包(포) ⑤-51　　確(확)* ⑤-95
尊(존)* ④-72　　總(총)* ⑤-13　　胞(포) ⑤-51　　環(환) ⑤-96
宗(종) ④-72　　推(추) ⑤-13　　砲(포)* ⑤-58　　歡(환) ⑤-96
從(종) ④-73　　蓄(축)* ⑤-14　　暴(폭) ⑤-58　　況(황) ⑤-97
鐘(종) ④-73　　築(축)* ⑤-14　　爆(폭) ⑤-59　　灰(회) ⑤-97
座(좌) ④-74　　縮(축) ⑤-15　　票(표)* ⑤-59　　回(회)* ⑤-98
朱(주) ④-74　　忠(충) ⑤-15　　標(표) ⑤-60　　厚(후) ⑤-98
走(주)* ④-75　　蟲(충)* ⑤-22　　豐(풍) ⑤-60　　候(후) ⑤-99
周(주) ④-75　　取(취)* ⑤-22　　疲(피) ⑤-61　　揮(휘) ⑤-99
酒(주) ④-82　　就(취) ⑤-23　　避(피) ⑤-61　　吸(흡)* ⑤-100

ㅎ

竹(죽)* ④-82　　趣(취) ⑤-23　　　　　　　　　興(흥)* ⑤-100
準(준)* ④-83　　測(측)* ⑤-24　　恨(한) ⑤-62　　希(희) ⑤-101
衆(중)* ④-83　　層(층) ⑤-24　　　　　　　　　喜(희) ⑤-101

4급 ③과정 한자능력검정시험

	想 생각 상		傷 다칠 상
	宣 베풀 선		舌 혀 설
	設 베풀 설		星 별 성
	城 재 성		盛 성할 성
	聖 성인 성		誠 정성 성
	聲 소리 성		細 가늘 세

🖊 다음 한자의 훈음을 알아 보고 빈 칸에 알맞게 쓰세요.

훈 생각　음상:

相(상)이 음부분, 心이 뜻부분이다. 相은 본다는 뜻으로 마음 속으로 본다는데서, **'생각하다'** 를 뜻한다.

훈 다칠　음상

人이 뜻부분, 昜(다칠 상)이 음부분이다. 사람이 **'다친'** 모습을 나타내었다.

心부수 총 13획	想想想想想想想想想想想想想						
想 생각 **상**	想	想	想	想	想	想	想
	생각 상						

| 어휘 : 感想(감상)　空想(공상) | 유의어 : 念(생각 념), 思(생각 사) |

사자성어 : 奇想天外(기상천외) – 보통으로는 짐작도 할 수 없을 만큼 생각이 기발하고 엉뚱함.

亻(人)부수 총 13획	傷傷傷傷傷傷傷傷傷傷傷傷傷						
傷 다칠 **상**	傷	傷	傷	傷	傷	傷	傷
	다칠 상						

어휘 : 傷害(상해)　負傷(부상)　重傷(중상)

📝 다음 한자의 훈음을 알아 보고 빈 칸에 알맞게 쓰세요.

훈 베풀   음 선

⺧(집 면)이 뜻부분, 亘(펼 선)이 음부분이다.
亘이 음과 뜻, 모두 적용되어 '펴다'를 뜻한다.

훈 혀   음 설

'혀'를 내밀고 있는 모양을 본뜬 글자이다.

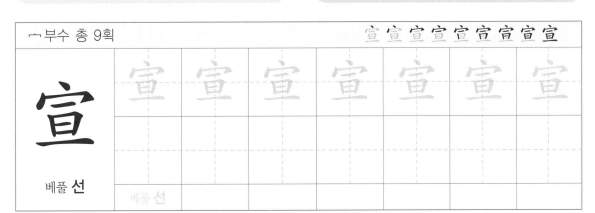

⺧부수 총 9획

宣宣宣宣宣宣宣宣宣

宣

베풀 선

어휘 : 宣告(선고) 宣布(선포)
사자성어 : 宣戰布告(선전포고) – 상대국에 대하여 전쟁 개시 의사를 선언하는 일.

모양이 비슷한 한자 : 宜(마땅 의 : 3급)

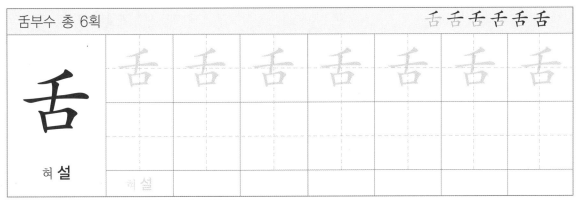

舌부수 총 6획

舌舌舌舌舌舌

舌

혀 설

어휘 : 舌戰(설전) 口舌數(구설수) 毒舌(독설)

● 다음 한자의 훈음을 알아 보고 빈 칸에 알맞게 쓰세요.

훈 베풀   음 설

훈 별   음 성

말씀 언(言)에 칠 수(殳)를 합하여, 사람을 시켜 일을 하도록 한다는데서 '베풀다, 만들다'를 뜻한다.

日이 뜻부분, 生이 음부분이다. 태양을 비롯한 여러 '별'을 나타내었다.

言부수 총 11획	設設設設設設設設設設設

設
베풀 **설**

어휘 : 建設(건설) 新設(신설)

모양이 비슷한 한자 : 說(말씀 설)
유의어 : 施(베풀 시)

日부수 총 9획	星星星星星星早早星

星
별 **성**

사자성어 : 北斗七星(북두칠성) – 큰곰자리에서 가장 뚜렷이 보이는, 국자 모양으로 된 일곱 개의 별.

유의어 : 辰(별 신)

📝 다음 한자의 훈음을 알아 보고 빈 칸에 알맞게 쓰세요.

城

훈 재　음 성

흙(土)으로 쌓아서 이루어진(成) 보루, 즉 '**성**'을 뜻한다.

盛

훈 성할　음 성:

이룰 성(成)에 그릇 명(皿)을 받친 자로, 성공하여 잔치를 하는데 그릇과 음식이 풍성하다는 데서 '**성대하다**'를 뜻한다.

土부수 총 10획	城城城城圾圾圾城城城

城

재 **성**

어휘 : 城壁(성벽)　城門(성문)　不夜城(불야성)
사자성어 : 萬里長城(만리장성) – 중국 북쪽에 있는 거대한 성벽.

皿부수 총 12획	盛广戊戊成成成盛盛盛盛盛

盛

성할 **성**

어휘 : 盛大(성대)　全盛期(전성기)　　　　　상대반의어 : 衰(쇠할 쇠: 준3급)

📎 다음 한자의 훈음을 알아 보고 빈 칸에 알맞게 쓰세요.

훈 성인   음 성:

耳와 呈(드러날 정)이 합쳐진 것으로, 귀로 잘 들어 사물의 이치를 깊이 이해한 사람이라는데서, '**성인**'을 뜻한다.

훈 정성   음 성

言과 成을 합친 자로, 말과 행동이 일치하도록 이루어 낸다는데서, '**정성**'을 뜻한다.

耳부수 총 13획	聖 聖 聖 聖 聖 聖 聖 聖 聖 聖 聖 聖 聖

聖

성인 **성**

	聖	聖	聖	聖	聖	聖
성인 성						

어휘 : 聖人(성인) 聖君(성군)
사자성어 : 太平聖代(태평성대) – 어진 임금이 다스리는 태평한 세상, 또는 그 시대.

言부수 총 14획	誠 誠 誠 誠 誠 誠 誠 誠 誠 誠 誠 誠 誠 誠

誠

정성 **성**

	誠	誠	誠	誠	誠	誠
정성 성						

어휘 : 誠實(성실) 精誠(정성)
사자성어 : 誠心誠意(성심성의) – 참되고 성실한 마음과 뜻.

📎 다음 한자의 훈음을 알아 보고 빈 칸에 알맞게 쓰세요.

훈 소리   음 성

경쇠 경(聲＝殸)밑에 귀 이(耳)를 합한 한자로, 경쇠를 치는 소리가 귀에 들린다는데서, '소리'를 뜻한다.

훈 가늘   음 세:

실 사(糸)에 밭 전(田)을 합친 자로, 뽕밭의 누에고치에서 가느다란 실이 나온다는데서 **'가늘다, 미미하다, 작다'** 등을 뜻한다.

耳부수 총 17획

聲 聲 聲 聲 聲 聲 聲 聲 殸 殸 聲

聲

聲	聲	聲	聲	聲	聲	聲

약자

声

소리 **성**

소리 성

어휘 : 銃聲(총성) 聲樂(성악)	유의어 : 音(소리 음)

糸부수 총 11획

細 細 細 糸 細 細 細 細 細 細

細

細	細	細	細	細	細	細

가늘 **세**

가늘 세

어휘 : 細密(세밀) 細部(세부) 細胞(세포) 細心(세심)

❶ 다음 漢字語의 讀音을 쓰세요.

(1) 想念 ( )	(2) 城門 ( )
(3) 細部 ( )	(4) 毒舌 ( )
(5) 宣敎 ( )	(6) 傷害 ( )
(7) 新設 ( )	(8) 流星 ( )
(9) 設備 ( )	(10) 發聲 ( )
(11) 感想 ( )	(12) 宣告 ( )
(13) 誠金 ( )	(14) 開城 ( )
(15) 城壁 ( )	(16) 舌戰 ( )
(17) 誠實 ( )	(18) 强盛 ( )
(19) 孝誠 ( )	(20) 聖君 ( )
(21) 設計 ( )	(22) 設立 ( )
(23) 細密 ( )	(24) 盛行 ( )
(25) 建設 ( )	(26) 負傷 ( )
(27) 空想 ( )	(28) 大盛 ( )
(29) 星雲 ( )	(30) 重傷 ( )

❷ 다음 漢字의 訓과 음을 쓰세요.

(1) 誠 ( )	(2) 傷 ( )
(3) 城 ( )	(4) 舌 ( )
(5) 細 ( )	(6) 星 ( )
(7) 宣 ( )	(8) 盛 ( )
(9) 聖 ( )	(10) 想 ( )

❸ 다음 밑줄 친 漢字語를 漢字로 쓰세요.

(1) 상대방에게 독설을 퍼부었다.

(2) 수원성의 성벽은 매우 견고하게 되어 있습니다.

(3) 이것은 매우 <u>세밀</u>한 지도입니다.

(4) 불우 이웃 돕기 <u>성금</u>을 내었습니다.

(5) 그는 깊은 <u>상념</u>에 잠겨 있다.

(6) 우리 회사는 작년에 <u>설립</u>되었습니다.

(7) 석가모니는 세계 4대 <u>성인</u> 중의 한 분이다.

(8) 그는 <u>효성</u>이 지극한 선비이다.

(9) 주택 <u>건설</u>의 붐이 일어나고 있습니다.

(10) 화재로 인하여 <u>중상</u>을 입었습니다.

❹ 다음에 例示한 漢字語 중에서 앞 글자가 長音으로 發音되는 것을 골라 그 番號를 쓰세요.

(1) ① 常識　② 想念　③ 賞狀　④ 自殺

(2) ① 宣告　② 誠金　③ 城內　④ 盛業

(3) ① 細密　② 設計　③ 木材　④ 由來

(4) ① 留宿　② 心慮　③ 聖人　④ 毒舌

❺ 다음 漢字와 뜻이 상대 또는 반대되는 漢字를 써서 漢字語를 만드세요.

例	江 – (山)

(1) 夫 – (　　　)　　　　　(2) 遠 – (　　　)

(3) 陸 – (　　　)　　　　　(4) (　　　) – 缺

❻ 다음 漢字와 뜻이 비슷한 漢字를 써서 漢字語를 만드세요.

例	河 – (川)

(1) (　　　) – 想　　　　　(2) (　　　) – 念

(3) 音 – (　　　)　　　　　(4) 末 – (　　　)

❼ 다음 漢字語의 ( ) 속에 알맞은 漢字를 쓰세요.

> 例 見(物)生心 : 실물을 보면 욕심이 생김

(1) (   )想天外 : 보통으로는 짐작도 할 수 없을 만큼 생각이 기발하고 엉뚱함

(2) 誠心誠(   ) : 참되고 성실한 마음과 뜻

(3) 北斗七(   ) : 큰곰자리에서 가장 뚜렷이 보이는, 국자 모양으로 된 일곱개의 별

(4) 太平(   )代 : 어진 임금이 다스리는 태평한 세상, 또는 그 시대

❽ 다음 漢字의 部首로 맞는 것을 골라 그 番號를 쓰세요.

(1) 宣 – (① 宀 ② 一 ③ 日 ④ 宜)

(2) 傷 – (① 亻 ② 易 ③ 日 ④ 勿)

(3) 舌 – (① 丿 ② 千 ③ 口 ④ 舌)

(4) 聲 – (① 士 ② 殳 ③ 土 ④ 耳)

❾ 다음 漢字와 소리는 같으나 뜻이 다른 漢字語를 쓰세요.

> 例 山水 – (算數)

(1) 感想 – (   )　　　　　　(2) 誠實 – (   )

(3) 聖人 – (   )　　　　　　(4) 重傷 – (   )

❿ 다음 漢字語의 뜻을 쓰세요.

(1) 設備 :

(2) 舌戰 :

(3) 誠實 :

(4) 感想 :

⓫ 다음 漢字의 略字(획수를 줄인 漢字)를 쓰세요.

(1) 聲 – (   )　　　　　　(2) 學 – (   )

(3) 假 – (   )　　　　　　(4) 團 – (   )

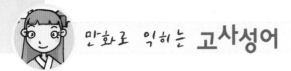
緣 연할 연 木 나무 목 求 구할 구 魚 물고기 어

緣木求魚는 맹자의 말에서 유래하여 **나무에 올라가 물고기를 구한다**는 뜻으로, **도저히 불가능한 일을 억지로 하려함**을 뜻하는 성어이다.

맹자

우리 제나라가 기필코 천하를 통일해야 겠다.

선왕-

제의 선왕의 야심을 꿰뚫어 본 맹자가 말하길

무력으로 영토를 확장해서 천하를 다스리고자 함은 마치 나무에 올라가 고기를 구하는 것과 같습니다.

아니! 그렇게 무리한 일입니까?

그 보다 더 위험한 일입니다. 나무에(木) 올라가(緣) 고기(魚)를 구하는(求) 것은 고기만 구하지 못할 뿐 재난은 남기지 않지만, 무력으로 천하를 통일하려는 것은 백성들을 괴롭히고 결국 나라가 망하는 결과를 가져옵니다.

아래의 풀이에 알맞은 한자를 쓰세요.

		① 空					②			文	
③											
								④			
⑤ 口				⑥ 北					⑦ 萬		
⑧			⑨ 全								
			⑩								
						⑪					

▶ 가로 열쇠

② 선언하는 취지를 적은 글
③ 보통 사람이 생각할 수 없을 정도로 엉뚱하고 기발함
⑥ 큰곰자리에서 가장 뚜렷이 보이는, 국자 모양으로 된 일곱 개의 별
⑧ 말로 옳고 그름을 따져 싸우는 것
⑩ 매우 왕성하게 유행하는 것
⑪ 등불이 많이 켜 있어 밤에도 대낮처럼 밝은 곳

▼ 세로 열쇠

① 실현될 가망이 없는 것을 멋대로 상상하는 것
② 종교를 전도하여 널리 펴는 것
④ 별똥별
⑤ 남이 비난하거나 헐뜯는 말을 듣게 될 운수
⑦ 중국 북쪽에 있는 거대한 성벽
⑨ 한창 왕성한 시기

4급 한자능력검정시험

	稅 세금 세		勢 형세 세
	素 본디 흴 소		笑 웃음 소
	掃 쓸 소		俗 풍속 속
	屬 붙일 속		續 이을 속
	損 덜 손		松 소나무 송
	送 보낼 송		頌 칭송할 기릴 송

✏️ 다음 한자의 훈음을 알아 보고 빈 칸에 알맞게 쓰세요.

훈 세금   음 세:

훈 형세   음 세:

禾가 뜻부분, 兌(태)가 음부분이다. 수확한 곡식에 대하여 일정량을 부과한다는데서 '세금'을 뜻한다.

埶(심을 예)와 力을 합친 자로, 심은 초목이 힘차게 자라나는 형태에서 '기세, 형세' 등을 뜻한다.

禾부수 총 12획	稅稅稅稅稅稅稅稅稅稅稅稅

稅

세금 **세**

稅	稅	稅	稅	稅	稅	稅
세금 세						

| 어휘 : 納稅(납세) 稅關(세관) | 유의어 : 租(세금 조 : 3급) |

力부수 총 13획	勢勢勢勢勢勢勢勢勢勢勢勢勢

勢

형세 **세**

勢	勢	勢	勢	勢	勢	勢
형세 세						

어휘 : 勢力(세력) 氣勢(기세)
사자성어 : 破竹之勢(파죽지세) – 대나무가 쪼개질 때와 같은 형세라는 뜻으로 감히 대적할 수 없는 맹렬한 기세.

✏️ 다음 한자의 훈음을 알아 보고 빈 칸에 알맞게 쓰세요.

훈 본디/흴   음 소(:)

垂(드리울 수)와 糸가 합쳐진 것으로, 누에고치에서 막 뽑아낸 '하얀' 명주실을 나타내었다.

훈 웃음   음 소:

竹과 天(작을 요)가 합쳐진 것으로, 대나무가 바람에 휘어질 때 나는 소리가 사람의 웃음소리와 비슷하다고 해서 '웃다'를 뜻한다.

糸부수 총 10획

素素素素素素素素素素

素
본디
흴   소

본디/흴 소

어휘 : 素望(소망) 素質(소질)   유의어 : 朴(성/순박할 박)

竹부수 총 10획

笑笑笑笑笑笑笑笑笑笑

笑
웃음 소

웃음 소

사자성어 : 拍掌大笑(박장대소) - 손뼉을 치며 한바탕 크게 웃음.
　　　　　 破顔大笑(파안대소) - 즐거운 표정으로 한바탕 크게 웃음.

✏️ 다음 한자의 훈음을 알아 보고 빈 칸에 알맞게 쓰세요.

掃

훈 쓸   음 소(ː)

手와 帚(비 추)를 합친 자로, 손에 비를 들고 땅을 '쓰는' 모습을 나타내었다.

俗

훈 풍속   음 속

人에 谷(골 곡)을 합친 자로, 한 고을에 사는 사람은 '풍속'이 같다는 것을 나타내었다.

扌(手)부수 총 11획   掃掃掃掃掃掃掃掃掃掃掃

掃	掃	掃	掃	掃	掃	掃	掃
쓸 소	쓸 소						

| 어휘 : 淸掃(청소) 一掃(일소) | 모양이 비슷한 한자 : 婦(며느리 부) |

亻(人)부수 총 9획   俗俗俗俗俗俗俗俗

俗	俗	俗	俗	俗	俗	俗	俗
풍속 속	풍속 속						

어휘 : 俗談(속담) 民俗(민속)
사자성어 : 美風良俗(미풍양속) – 아름답고 좋은 풍속.

✏️ 다음 한자의 훈음을 알아 보고 빈 칸에 알맞게 쓰세요.

훈 붙일   음 속

尾(꼬리 미)가 뜻부분, 蜀(촉)이 음부분이다. 꼬리에 다른 것이 계속 달라붙는 것에서, '**붙이다**'를 뜻한다.

훈 이을   음 속

糸와 賣(팔 매)를 합친 자로, 행상이 끊이지 않고 이어지는데서, '**잇다**'를 뜻한다.

尸부수 총 21획   屬屬屬屬屬屬屬屬屬屬屬屬屬

屬	屬	屬	屬	屬	屬	屬	屬

약자 **属**

屬
붙일 **속**

붙일 속

┃ 어휘 : 金屬(금속) 部屬(부속) 所屬(소속)

糸부수 총 21획   續續續續續續續續續續續續續續續

續	續	續	續	續	續	續

약자 **続**

續
이을 **속**

이을 속

┃ 어휘 : 繼續(계속) 手續(수속)

유의어 : 連(이을 련), 繼(이을 계)
상대반의어: 斷(끊을 단)

✎ 다음 한자의 훈음을 알아 보고 빈 칸에 알맞게 쓰세요.

훈 덜　　음 손:

手와 貝(인원 원)이 합쳐진 것으로, 손으로 숫자를 세어 **'덜어 낸다'** 를 뜻한다.

훈 소나무　　음 송

木에 公을 합친 자로, 모든 산에 널리 살며, 모든 인간이 널리(公) 쓰는 나무(木)인 **'소나무'** 를 뜻한다.

≢(手)부수 총 13획	損損損損損損損損損損損損損

損

덜 **손**

| | 損 | 損 | 損 | 損 | 損 | 損 | 損 |

| 덜손 | | | | | | |

어휘 : 損害(손해)　損益(손익)　　　　　　　　　상대반의어 : 益(더할 익)

木부수 총 8획	松松松松松松松松

松

소나무 **송**

| | 松 | 松 | 松 | 松 | 松 | 松 | 松 |

| 소나무송 | | | | | | |

어휘 : 松林(송림)　松津(송진)　老松(노송)
사자성어 : 落落長松(낙락장송) - 가지가 축축 늘어진 긴 소나무.

월   일   이름: 확인:

✎ 다음 한자의 훈음을 알아 보고 빈 칸에 알맞게 쓰세요.

훈 보낼   음 송:

훈 칭송할/기릴   음 송:

辶(쉬엄쉬엄갈 착)에 关(关의 고자)를 합친 자로, 떠나는 사람을 웃음으로 보낸다는데서 '보내다'를 뜻한다.

公에 頁(머리 혈)을 합친 자로, 여러 사람이 모두 다 바라보니, '기리다. 칭송하다'를 뜻한다.

辶(辵)부수 총 10획	送送送送送送送送送送

送
보낼 송

┃ 어휘 : 送金(송금) 送信(송신)   ┃ 상대반의어 : 迎(맞을 영)

頁부수 총 13획	頌頌頌頌頌頌頌頌頌頌頌頌

頌
칭송할 송
기릴

┃ 어휘 : 頌歌(송가) 頌德碑(송덕비)   ┃ 유의어 : 稱(일컬을 칭)

❶ 다음 漢字語의 讀音을 쓰세요.

(1) 頌德　　（　　　　）　　(2) 稅金　　（　　　　）

(3) 形勢　　（　　　　）　　(4) 部屬　　（　　　　）

(5) 淸掃　　（　　　　）　　(6) 勢力　　（　　　　）

(7) 放送　　（　　　　）　　(8) 俗語　　（　　　　）

(9) 實勢　　（　　　　）　　(10) 納稅　　（　　　　）

(11) 繼續　　（　　　　）　　(12) 續開　　（　　　　）

(13) 失笑　　（　　　　）　　(14) 素服　　（　　　　）

(15) 損傷　　（　　　　）　　(16) 素質　　（　　　　）

(17) 頌歌　　（　　　　）　　(18) 權勢　　（　　　　）

(19) 風俗圖　（　　　　）　　(20) 活力素　（　　　　）

(21) 運送　　（　　　　）　　(22) 談笑　　（　　　　）

(23) 老松　　（　　　　）　　(24) 損害　　（　　　　）

(25) 掃地　　（　　　　）　　(26) 儉素　　（　　　　）

(27) 民俗　　（　　　　）　　(28) 送金　　（　　　　）

(29) 松林　　（　　　　）　　(30) 金屬　　（　　　　）

❷ 다음 漢字의 訓과 音을 쓰세요.

(1) 稅　　（　　　　）　　(2) 頌　　（　　　　）

(3) 素　　（　　　　）　　(4) 續　　（　　　　）

(5) 掃　　（　　　　）　　(6) 俗　　（　　　　）

(7) 屬　　（　　　　）　　(8) 笑　　（　　　　）

(9) 勢　　（　　　　）　　(10) 松　　（　　　　）

❸ 다음 漢字語를 漢字로 쓰세요.

(1) 세력(① 권력이나 기세의 힘 ② 어떤 속성이나 힘을 가진 집단을 이르는 말)
(2) 송금(돈을 부치는 것)
(3) 소복(하얗게 차려 입은 한복)
(4) 송가(공덕을 기리는 노래)
(5) 민속(민간 생활과 결부된 신앙, 습관, 풍속, 기술, 전승 문화 등의 총칭)
(6) 청소(쓸거나 닦거나 털거나 함으로써 더러운 것을 없애 깨끗이 하는 것)
(7) 손실(가지고 있는 금전, 물질 등을 잃게 되어 좋지 않게 된 상태)
(8) 속개(일단 멈추었던 회의 따위를 다시 계속하여 여는 것)
(9) 부속(어떤 부류나 부문에 딸리는 일)
(10) 노송(늙은 소나무)

❹ 다음에 例示한 漢字語 중에서 앞 글자가 長音으로 發音되는 것을 골라 그 番號를 쓰세요.

(1) ① 稅金 ② 缺損 ③ 屬國 ④ 風俗
(2) ① 民俗 ② 勢力 ③ 發送 ④ 毒素
(3) ① 納稅 ② 金屬 ③ 損害 ④ 談笑
(4) ① 續出 ② 權勢 ③ 俗談 ④ 送金

❺ 다음 漢字와 뜻이 상대 또는 반대되는 漢字를 써서 漢字語를 만드세요.

例   江 - (山)

(1) 斷 - (   )   (2) 貧 - (   )
(3) 師 - (   )   (4) 賞 - (   )

❻ 다음 漢字와 뜻이 비슷한 漢字를 써서 漢字語를 만드세요.

例   河 - (川)

(1) (   ) - 續   (2) 素 - (   )
(3) 知 - (   )

❼ 다음 漢字語의 (   ) 속에 알맞은 漢字를 쓰세요.

> 例 見(物)生心 : 실물을 보면 욕심이 생김

(1) 美風良(   ) : 아름답고 좋은 풍속
(2) 落落長(   ) : 가지가 축축 늘어진 긴 소나무
(3) 甘言利(   ) : 남의 비위에 맞도록 꾸민 달콤한 말과 이로운 조건을 내세워
　　　　　　　　　　　꾀는 말
(4) 破竹之(   ) : 대나무가 쪼개질 때와 같은 형세라는 뜻으로 감히 대적할 수
　　　　　　　　　　　없는 맹렬한 기세

❽ 다음 漢字의 部首로 맞는 것을 골라 그 番號를 쓰세요.

(1) 稅 - (① 禾 ② 八 ③ 口 ④ 儿)
(2) 屬 - (① 尸 ② 蜀 ③ 虫 ④ 冖)
(3) 素 - (① 主 ② 一 ③ 土 ④ 糸)
(4) 頌 - (① 公 ② 頁 ③ 一 ④ 貝)
(5) 損 - (① 員 ② 貝 ③ 口 ④ 扌)
(6) 送 - (① 夂 ② 天 ③ 辶 ④ 八)

❾ 다음 漢字와 소리는 같으나 뜻이 다른 漢字語를 쓰세요.

> 例 山水 - (算數)

(1) 素望 - (   )   (2) 課稅 - (   )
(3) 實勢 - (   )   (4) 戰勢 - (   )

❿ 다음 漢字의 略字(획수를 줄인 漢字)를 쓰세요.

(1) 舊 - (   )   (2) 對 - (   )
(3) 龍 - (   )   (4) 醫 - (   )

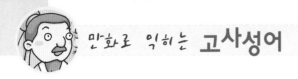
五 다섯 오   十 열 십   步 걸음 보   百 일백 백   步 걸음 보

五十步百步는 약간의 정도의 차이는 있을지언정 본질적으로는 마찬가지라는 뜻으로 쓰이는 말이다.

맹자가 양나라 혜왕을 만나 왕도정치를 전쟁에 비유하여 설명하였다.

맹자는 이렇게 전쟁에 비유하여 혜왕에게 좀 더 어진 정치를 베풀 것을 역설하였다.

아래의 풀이에 알맞은 한자를 쓰세요.

①課	②					③	力	④	
									⑤落
		⑥美			⑦				
									長
⑧		益					⑨正		
					⑩				
					⑪		會		

▶ **가로 열쇠**

① 세금을 매기고 그것을 내도록 의무를 지우는 것
③ 활력을 불어 넣어 주는 요소
⑥ 아름답고 좋은 풍속   ⑧ 손해와 이익
⑨ 충청북도 보은군 내속리면 속리산으로 들어가는 길 가운데 서 있는 소나무.
　조선 세조가 정2품 벼슬을 내렸다고 한다
⑪ 보내는 섭섭함과 앞날의 행운을 위해 여는 모임

▼ **세로 열쇠**

② 조세로 바치는 돈
④ 어떤 것을 만드는 데 바탕이 되는 재료
⑤ 가지가 축축 늘어진 긴 소나무
⑦ 교훈이나 풍자를 담은 짧은 어구
⑧ 물질이나 행복 등을 잃거나 빼앗겨 좋지 않게 된 상태
⑩ 라디오나 텔레비전을 통해 보도, 논평, 오락 등을 전파에 실어 음성이나 영상을 널리
　내보내는 일

4급 ③과정 한자능력검정시험

	守 지킬 수			收 거둘 수
	秀 빼어날 수			受 받을 수
	修 닦을 수			授 줄 수
	叔 아재비 숙			肅 엄숙할 숙
	純 순수할 순			崇 높을 숭
	承 이을 승			是 이 옳을 시

월   일   이름: 확인:

✎ 다음 한자의 훈음을 알아 보고 빈 칸에 알맞게 쓰세요.

훈 지킬   음 수

宀(집 면)과 寸(촌)이 합쳐진 것이다. 손(寸)으로 무슨 일을 하면서 집을 **'지킨다'** 는 뜻이다.

훈 거둘   음 수

丩(=糾:얽을 규)와 攵(칠 복)이 합쳐진 한자로, 형틀을 세워놓고 죄인을 때리는 모습에서, 자기가 지은 죄값을 자신이 **'거두어 들인다'** 는 뜻을 나타내었다.

宀부수 총 6획   守守守守守守

守

지킬 **수**

어휘 : 守備(수비) 嚴守(엄수)
사자성어 : 獨守空房(독수공방) – 혼자서 빈 방을 지킨다는 뜻.

상대반의어 : 攻(칠 공)
유의어 : 保(지킬 보)

攵(攴)부수 총 6획   收收收收收收

收

거둘 **수**

약자

収

어휘 : 收監(수감) 秋收(추수)

상대반의어 : 支(지불할 지)

✏️ 다음 한자의 훈음을 알아 보고 빈 칸에 알맞게 쓰세요.

훈 빼어날   음 수

禾와 乃가 합쳐진 자이다. 벼 이삭이 늘어짐은 무성하다의 뜻, 무성한 벼는 우수하다 하여 '**빼어나다**'의 뜻을 나타내었다.

훈 받을   음 수(ː)

두 손(爪와 又)사이에 쟁반이 있는 모습으로, 두 사람이 물건을 주거나 '**받는**' 것을 나타내었다.

禾부수 총 7획				秀 二 千 禾 禿 秀 秀		
秀 빼어날 **수**	秀	秀	秀	秀	秀	秀

▎어휘 : 秀麗(수려) 俊秀(준수) 秀才(수재)　　　　　　　　　▎모양이 비슷한 한자 : 禿(대머리 독)

又부수 총 8획				受 受 受 受 受 受 受 受		
受 받을 **수**	受	受	受	受	受	受

▎어휘 : 受講(수강) 甘受(감수)　　　　　　　　　　　　　　　▎상대반의어 : 授(줄 수)

✏️ 다음 한자의 훈음을 알아 보고 빈 칸에 알맞게 쓰세요.

훈 닦을   음 수

훈 줄   음 수

攸(다스릴 유)와 彡(터럭 삼)이 합쳐진 것으로, 머리털 등의 용모를 깨끗하게 한다는데서 '닦다, 다스리다' 등을 뜻한다.

手가 뜻부분, 受가 음부분이다. 원래는 受로 주고 받는 것을 모두 나타내었으나, 뒤에 扌을 더하여 '주다'를 구별하였다.

亻(人)부수 총 10획		修修修修修修修修修

修
닦을 **수**

어휘 : 修交(수교) 修學(수학)
사자성어 : 同門修學(동문수학) – 한 스승 또는 한 학교에서 같이 학문을 닦고 배움.

扌(手)부수 총 11획		授授授授授授授授授授

授
줄 **수**

어휘 : 授受(수수) 授業(수업)   상대반의어 : 受(받을 수)

월   일   이름: 확인:

✏️ 다음 한자의 훈음을 알아 보고 빈 칸에 알맞게 쓰세요.

훈 아재비   음 숙

ㅗ(콩 숙)과 又를 합친 자로, 손으로 콩을 줍다가 본뜻이나, 콩이 작고 어린데서 아버지보다 어린 '숙부'를 나타내었다.

훈 엄숙할   음 숙

聿과 㡀(=淵 : 못 연)이 합쳐진 것으로, 깊은 연못에 임하여 마음이 두려운 모습에서, '엄숙하다, 정중하다' 등을 뜻한다.

又부수 총 8획	叔叔叔叔叔叔叔叔

叔
아재비 **숙**

| 叔 | 叔 | 叔 | 叔 | 叔 | 叔 | 叔 |

| 어휘 : 堂叔(당숙) 叔父(숙부) 叔母(숙모) |

聿부수 총 13획	肅肅肅肅肅肅肅肅肅肅肅肅肅

肅
엄숙할 **숙**

| 肅 | 肅 | 肅 | 肅 | 肅 | 肅 | 肅 |

약자	약자
肃	肃

| 어휘 : 肅然(숙연) 肅淸(숙청) 自肅(자숙) |

✎ 다음 한자의 훈음을 알아 보고 빈 칸에 알맞게 쓰세요.

훈 순수할   음 순

훈 높을   음 숭

糸(실 사)에 屯(모일 둔)을 합친 자로, 아직 염색하지 않은 생실은 잡것이 섞이지 않아서 '**순수하다**'를 뜻한다.

山과 宗(마루 종)이 합쳐진 것으로, 산마루처럼 높다는데서, '**높다, 존중하다**' 등을 뜻한다.

| 糸부수 총 10획 | | | | 純 純 純 純 純 純 純 純 純 純 |

純

純 純 純 純 純 純 純

순수할 **순**

| 어휘 : 純潔(순결) 單純(단순) | 유의어 : 潔(깨끗할 결) |

| 山부수 총 11획 | | | | 崇 崇 崇 崇 崇 崇 崇 崇 崇 崇 崇 |

崇

崇 崇 崇 崇 崇 崇 崇

높을 **숭**

| 어휘 : 崇高(숭고) 崇拜(숭배) | 상대반의어 : 抑(누를 억 : 준3급)
유의어 : 高(높을 고) |

✎ 다음 한자의 훈음을 알아 보고 빈 칸에 알맞게 쓰세요.

훈 이을   음 승

丞(도울 승)이 음부분, 手가 뜻부분이다. 윗사람에게서 손으로 물건을 건네받는다는 데서 **'잇다, 계승하다'** 등을 뜻한다.

훈 이/옳을   음 시:

日과 疋(=正)이 합쳐진 것으로, 태양이 하늘 한가운데 있다는 데서 **'바르다, 옳다'** 등을 뜻한다.

手부수 총 8획	承 承 承 承 承 承 承 承

承
이을 **승**

承	承	承	承	承	承	承

│ 어휘 : 承繼(승계) 承認(승인)   │ 유의어 : 繼(이을 계)

日부수 총 9획	是 是 是 是 是 是 是 是 是

是
이
옳을 **시**

是	是	是	是	是	是	是

│ 사자성어 : 是非曲直(시비곡직) - 옳고 그르고, 곧고 굽음.   │ 상대반의어 : 非(그를 비)
　　　　　　　是是非非(시시비비) - 옳은 것은 옳고 그른 것은 그르다고 공정하게 판단함.

※ 다음 글을 읽고 물음에 답하시오.(① ~ ②)

> 오늘은 백제 문화⁽⁶⁾의 향기를 맡으러 가는 날이다. 공주행 버스가 달리기 시작⁽⁷⁾하
> 자, 車窓⁽¹⁾ 밖으로 스쳐 가는 바람이 상쾌하게 느껴졌다.
> 백제 600여 년의 都邑地⁽²⁾였던 공주는 북적대는 대도시⁽⁸⁾에 비해 아늑한 느낌이 드
> 는 도시였다. 시원하게 뚫린 도로⁽⁹⁾ 옆으로 파란 이파리를 흔드는 街路樹⁽³⁾들이 한결
> 싱그러워 보였다.
> 중학동에 있는 국립⁽¹⁰⁾ 공주 박물관은 웅장하면서도 단아한 모습으로 사람들을 맞
> 고 있었다. 전시실⁽¹¹⁾로 올라가는 階段⁽⁴⁾ 옆에는 무령왕릉 내부⁽¹²⁾와 같은 벽돌 벽이
> 만들어져 있었다. 벽의 연꽃 무늬는 매우 세련되고 현대적⁽¹³⁾인 感覺⁽⁵⁾을 풍겼다. 전
> 시된 유물을 하나하나 훑어보며 화려하고 섬세한 백제 문화의 그윽한 정취를 맛보
> 았다.

① 윗글에서 밑줄 친 漢字語 (1)~(5)의 讀音을 쓰세요.

(1) 車窓   (   )   (2) 都邑地   (   )
(3) 街路樹   (   )   (4) 階段   (   )
(5) 感覺   (   )

② 윗글에서 밑줄 친 漢字語 (6)~(13)를 漢字로 쓰세요.

(6) 문화   (   )   (7) 시작   (   )
(8) 대도시   (   )   (9) 도로   (   )
(10) 국립   (   )   (11) 전시실   (   )
(12) 내부   (   )   (13) 현대적   (   )

③ 다음 漢字語의 讀音을 쓰세요.

(1) 守兵   (   )   (2) 秋收   (   )
(3) 肅然   (   )   (4) 授業   (   )
(5) 收監   (   )   (6) 是非   (   )
(7) 堂叔   (   )   (8) 承服   (   )
(9) 守勢   (   )   (10) 必是   (   )
(11) 秀才   (   )   (12) 清純   (   )

(13) 受講　　（　　　　）　　(14) 肅清　　（　　　　）
(15) 修道　　（　　　　）　　(16) 甘受　　（　　　　）
(17) 保守　　（　　　　）　　(18) 純潔　　（　　　　）
(19) 修女　　（　　　　）　　(20) 崇高　　（　　　　）
(21) 傳承　　（　　　　）　　(22) 秀麗　　（　　　　）
(23) 授受　　（　　　　）　　(24) 崇拜　　（　　　　）
(25) 受領　　（　　　　）　　(26) 傳授　　（　　　　）

❹ 다음 漢字의 訓과 音을 쓰세요.

(1) 純　　（　　　　）　　(2) 收　　（　　　　）
(3) 是　　（　　　　）　　(4) 受　　（　　　　）
(5) 肅　　（　　　　）　　(6) 授　　（　　　　）
(7) 叔　　（　　　　）　　(8) 修　　（　　　　）
(9) 承　　（　　　　）　　(10) 守　　（　　　　）

❺ 다음에 例示한 漢字語 중에서 앞 글자가 長音으로 發音되는 것을 골라 그 番號를 쓰세요.

(1) ① 承服　② 崇高　③ 減收　④ 單純
(2) ① 純毛　② 叔父　③ 肅然　④ 教授
(3) ① 攻守　② 秀才　③ 守備　④ 苦難
(4) ① 秀作　② 修交　③ 是非　④ 授業

❻ 다음 漢字와 뜻이 상대 또는 반대되는 漢字를 써서 漢字語를 만드세요.

例　　　江 – （山）

(1) 攻 – （　　　）　　　　(2) 授 – （　　　）
(3) （　　　）– 非　　　　(4) （　　　）– 否

❼ 다음 漢字와 뜻이 비슷한 漢字를 써서 漢字語를 만드세요.

例　　河 - (川)

(1) 保 - (　　　)　　　　　(2) 純 - (　　　)
(3) 崇 - (　　　)　　　　　(4) 承 - (　　　)

❽ 다음 漢字語의 (　　) 속에 알맞은 漢字를 쓰세요.

例　　見(物)生心 : 실물을 보면 욕심이 생김

(1) 獨(　　)空房 : 혼자서 빈방을 지킨다는 뜻
(2) 是是(　　)非 : 옳은 것은 옳고 그른 것은 그르다고 공정하게 판단함
(3) (　　)非曲直 : 옳고 그르고 굽고 곧음
(4) 同門(　　)學 : 한 스승 또는 한 학교에서 같이 학문을 배우고 닦음

❾ 다음 漢字의 部首로 맞는 것을 골라 그 番號를 쓰세요.

(1) 承 - (① 承 ② 子 ③ 手 ④ 了)
(2) 秀 - (① 乃 ② 禾 ③ 丿 ④ 木)
(3) 受 - (① 爫 ② 一 ③ 又 ④ 受)
(4) 崇 - (① 示 ② 宗 ③ 宀 ④ 山)

❿ 다음 漢字語의 뜻을 쓰세요.

(1) 崇高 :
(2) 修交 :
(3) 傳承 :
(4) 秋收 :

⓫ 다음 漢字의 略字(획수를 줄인 漢字)를 쓰세요.

(1) 肅 - (　　　)　　　　　(2) 惡 - (　　　)
(3) 體 - (　　　)　　　　　(4) 邊 - (　　　)

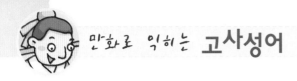
吳 나라이름 오 越 나라이름 월 同 한가지 동 舟 배 주

吳越同舟는 춘추 전국시대 손무라는 사람이 지은 손자병법의 구자편에 나오는 이야기이다. **사이가 좋지 않은 사람들도 함께 어려운 상황을 만나면 서로 마음이 하나로 된다는 뜻으로 쓰인다.**

어느날, 오나라(吳)와 월나라(越) 사람이 같은(同) 배(舟)를 타게 되었다.

아 실례합니다. 저는 오나라의 ○○ 라합니다.

아... 네 저는 월나라의 ...

뭐? 월나라 사람?

아니, 그럼 넌 오나라 사람?

앗 갑자기 왠 바람이...

이들이 강 한복판에 이르렀을 때 큰 바람이 불어 배가 뒤집히려고 했다.

큰일이다. 배가 뒤집힐 것 같구나.

휴...

그러자 오나라 사람과 월나라 사람은 서로 사이가 나빴던 것도 잊어버리고 서로 도와 배가 뒤집히지 않고 무사하게 되었다.

🐟 아래의 풀이에 알맞은 한자를 쓰세요.

	①				②			
③ 獨					高			
④ 同	⑤	⑥				⑦		
門		父			⑧		轉	
⑨								
		⑩ 必						
		⑪						

▶ 가로 열쇠

② 조선 시대의 한양 도성의 남쪽 정문

③ 혼자서 빈 방을 외롭게 지키는 일

⑤ 외숙부의 아내를 지칭하는 말

⑧ 시문(詩文)을 짓는 격식

⑨ 나라와 나라 사이에 교제를 맺는 것

⑪ 옳고 그름 굽고 곧음

▼ 세로 열쇠

① 보전하여 지키는 것

② 숭엄하고 고상하다

④ 한 스승 밑에서 함께 학문을 닦고 배우는 일

⑥ 아버지의 남동생을 이르는 말

⑦ 전하여 받아 계승하는 것

⑩ 아마도 틀림 없이

4급 ③과정 한자능력검정시험

	施 베풀 시			視 볼 시
	詩 시 시			試 시험 시
	氏 성씨 씨			息 쉴 식
	申 납 신			深 깊을 심
	眼 눈 안			暗 어두울 암
	壓 누를·억누를 압			液 진 액

📝 다음 한자의 훈음을 알아 보고 빈 칸에 알맞게 쓰세요.

施

훈배풀   음시:

깃발이 바람에 펄럭이는 모양을 본떠서 '펴다,
베풀다' 라는 뜻이 나왔다.

視

훈볼   음시:

示와 見이 합쳐진 것으로, '자세히 살핀다' 는
뜻을 나타내었다.

方부수 총 9획	施施施施施施施施施

施

베풀 시

| 施 | 施 | 施 | 施 | 施 | 施 | 施 |

베풀 시

┃ 어휘 : 施術(시술) 施行(시행)   ┃ 유의어 : 設(베풀 설)

見부수 총 12획	視視視視視視視視視視視視

視

볼 시

| 視 | 視 | 視 | 視 | 視 | 視 | 視 |

볼 시

┃ 어휘 : 視界(시계) 監視(감시)   ┃ 유의어 : 監(볼 감)

✏️ 다음 한자의 훈음을 알아 보고 빈 칸에 알맞게 쓰세요.

훈 시   음 시

言이 뜻부분, 寺가 음부분으로, 마음 속에 있는 뜻을 운율에 맞추어 말로 표현한다고 하여 **'시'** 를 뜻한다.

훈 시험   음 시(:)

言에 式(법 식)을 합친 자로, 일정한 법식(式)에 의하여 물어(言)본다는데서, **'시험하다'**를 뜻한다.

言부수 총 13획

詩詩詩詩詩詩詩詩詩詩詩詩詩

詩

詩 詩 詩 詩 詩 詩 詩

시 **시**

| 어휘 : 詩想(시상) 詩集(시집) 詩人(시인)

言부수 총 13획

試試試試試試試試試試試試試

試

試 試 試 試 試 試 試

시험 **시**

| 어휘 : 試食(시식) 入試(입시) | 유의어 : 驗(시험 험)

📝 다음 한자의 훈음을 알아 보고 빈 칸에 알맞게 쓰세요.

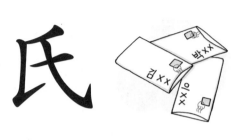

훈 성씨　　음 씨

땅 위에 내민 줄기와 땅 속의 나무 뿌리가 지상으로 조금 나온 모양을 본뜬 글자로, 사람의 씨족이 나무 뿌리처럼 뻗는다는데서, **'성씨'** 를 뜻한다.

훈 쉴　　음 식

코를 뜻하는 自와 心이 합쳐진 것으로, 숨이 코를 통해 심장으로 드나드는 것을 나타내어 **'숨 쉬다, 호흡, 쉬다'** 등을 뜻한다.

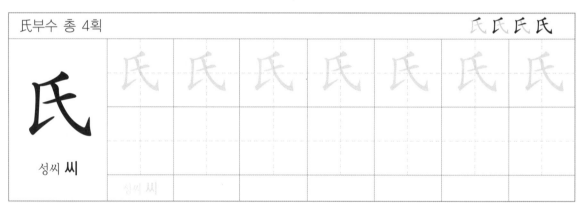

氏부수 총 4획						氏 氏 氏 氏
氏 성씨 **씨**	氏	氏	氏	氏	氏	氏 氏
					성씨 씨	

어휘 : 氏族(씨족) 姓氏(성씨)　　　　　　　　　　　　　　유의어 : 姓(성 성)
사자성어 : 氏族社會(씨족사회) – 씨족 제도를 바탕으로 하는 원시 사회.

心부수 총 10획						息 息 息 息 息 息 息 息
息 쉴 **식**	息	息	息	息	息	息 息
					쉴 식	

어휘 : 休息(휴식) 消息(소식)　　　　　　　　　　　　　　유의어 : 休(쉴 휴)
사자성어 : 消息不通(소식불통) – 소식이 서로 통하지 않음.

✏️ 다음 한자의 훈음을 알아 보고 빈 칸에 알맞게 쓰세요.

훈 납   음 신

번갯불이 부딪혀 퍼져 나가는 것을 본뜬 글자이다. '**거듭하다, 말하다**' 등을 뜻한다. '**아홉째 지지**'의 뜻으로도 쓰인다.

훈 깊을   음 심

물 수(水)에 깊은 심(㴱)을 합친 자로, '**깊다, 깊게 하다**' 등을 뜻한다.

田부수 총 5획	申 丨 冂 曱 申

申
납 **신**

申 申 申 申 申 申 申

납 신

어휘 : 申告(신고) 申請(신청)	모양이 비슷한 한자 : 甲(갑옷 갑) 유의어 : 告(고할 고)

氵(水)부수 총 11획	深深深深深深深深深深深

深
깊을 **심**

深 深 深 深 深 深 深

깊을 심

어휘 : 深化(심화) 深夜(심야)	상대반의어 : 淺(얕을 천 : 준3급)

월   일   이름: 확인:

✏️ 다음 한자의 훈음을 알아 보고 빈 칸에 알맞게 쓰세요.

眼

훈 눈   음 안 :

目(눈 목)에 艮(그칠 간)을 합친 자로, 일정한 한도의 거리만을 볼 수 있는 **'눈'**을 뜻한다.

暗

훈 어두울   음 암 :

日이 뜻부분, 音(음)이 음부분이다. 音은 陰(그늘 음)과 같다. 그늘이 져서 **'어두움'**을 나타낸다.

目부수 총 11획

眼眼眼眼眼眼眼眼眼眼眼

眼	眼	眼	眼	眼	眼	眼	眼
눈 안							

사자성어 : 眼下無人(안하무인) – 눈 아래 사람이 없다, 즉 사람됨이 교만하여 남을 업신여김을 이르는 말.

모양이 비슷한 한자 : 眠(잠잘 면:3급)
유의어 : 目(눈 목)

日부수 총 13획

暗暗暗暗暗暗暗暗暗暗暗暗

暗	暗	暗	暗	暗	暗	暗	暗
어두울 암							

어휘 : 明暗(명암) 暗室(암실)

상대반의어 : 明(밝을 명)

📖 다음 한자의 훈음을 알아 보고 빈 칸에 알맞게 쓰세요.

훈 누를/억누를   음 압

눌러 찌부러 뜨리다는 뜻인 厭(염)에 土를 합친 자로, 흙으로 누르다는데서 **'누르다, 억압하다'** 등을 뜻한다.

훈 진   음 액

水(물 수)와 夜(밤 야)가 합쳐진 것으로, 식물은 밤에 많은 분비물을 쏟아 낸다는데서, **'진, 진액'** 등을 뜻한다.

| 土부수 총 17획 | 壓 壓 壓 壓 壓 壓 壓 厴 厴 厴 厴 厴 厭 厭 壓 壓 壓 |

壓

누를
억누를 **압**

약자

圧

| 어휘 : 壓卷(압권) 壓力(압력) | 유의어 : 抑(누를 억 : 준 3급) |

| 氵(水)부수 총 11획 | 液 液 液 液 液 液 液 液 液 液 液 |

液

진 **액**

| 어휘 : 液體(액체) 血液(혈액) 樹液(수액) |

제 4회 기출 및 예상 문제

❶ 다음 漢字語의 讀音을 쓰세요.

(1) 施工	( )	(2) 監視	( )
(3) 施術	( )	(4) 壓卷	( )
(5) 實施	( )	(6) 深海	( )
(7) 視覺	( )	(8) 詩集	( )
(9) 眼鏡	( )	(10) 施設	( )
(11) 暗黑	( )	(12) 明暗	( )
(13) 液化	( )	(14) 詩想	( )
(15) 視界	( )	(16) 液體	( )
(17) 考試	( )	(18) 童詩	( )
(19) 眼藥	( )	(20) 姓氏	( )
(21) 試圖	( )	(22) 休息	( )
(23) 試藥	( )	(24) 申告	( )
(25) 試金石	( )	(26) 深化	( )

❷ 다음 漢字의 訓과 音을 쓰세요.

(1) 暗	( )	(2) 視	( )
(3) 壓	( )	(4) 試	( )
(5) 氏	( )	(6) 息	( )
(7) 液	( )	(8) 深	( )
(9) 眼	( )	(10) 施	( )

❸ 다음 漢字語를 漢字로 쓰세요.

(1) 감기에 걸렸을 때는 충분한 휴식을 취해야 한다.

(2) 날마다 한자 10자씩 암기 해 보십시오.

(3) 첫 시도가 큰 성과를 이루었다.

(4) 버스 요금 인상이 다음 달부터 실시될 예정입니다.

(5) 학벌을 중시하는 세태는 없어져야 합니다.

(6) 우리 선생님이 시집을 발간했습니다.

(7) <u>심화</u> 학습으로 들어 가겠습니다.

(8) <u>시상</u>이 잘 떠오르지 않는다.

(9) <u>무소식</u>이 희소식이다.

(10) <u>시공</u> 업체가 선정되었습니다.

❹ 다음 訓과 音에 맞는 漢字를 쓰세요.

(1) 베풀 시　　　(　　　　)　　(2) 성씨 씨　　　(　　　　)

(3) 어두울 암　　(　　　　)　　(4) 시험 시　　　(　　　　)

(5) 누를/억누를 압　(　　　　)　(6) 쉴 식　　　(　　　　)

❺ 다음에 例示한 漢字語 중에서 앞 글자가 長音으로 發音되는 것을 골라 그 番號를 쓰세요.

(1) ① 壓力　② 施設　③ 氣壓　④ 氏族

(2) ① 傷害　② 視覺　③ 休息　④ 液化

(3) ① 實施　② 詩歌　③ 入試　④ 眼目

(4) ① 純金　② 崇拜　③ 液體　④ 暗室

❻ 다음 漢字와 뜻이 상대 또는 반대되는 漢字를 써서 漢字語를 만드세요.

例　　江 - (山)

(1) 明 - (　　　)　　　　　(2) 得 - (　　　)

(3) 苦 - (　　　)　　　　　(4) 古 - (　　　)

❼ 다음 漢字와 뜻이 비슷한 漢字를 써서 漢字語를 만드세요.

例　　河 - (川)

(1) 施 - (　　　)　　　　　(2) 監 - (　　　)

(3) (　　　) - 告　　　　　(4) (　　　) - 目

❽ 다음 漢字語의 (　　) 속에 알맞은 漢字를 쓰세요.

> 例　見(物)生心 : 실물을 보면 욕심이 생김

(1) (　　　)下無人 : 눈 아래에 사람이 없다는 뜻. 사람됨이 교만하여 남을 업신여
김을 이르는 말
(2) (　　　)息不通 : 소식이 서로 통하지 않음
(3) 風前(　　　)火 : 바람 앞의 등불, 사물이 매우 위태로운 처지에 놓여 있음
(4) 信賞必(　　　) : 상벌을 규정대로 공정하고 엄중하게 하는 일

❾ 다음 漢字의 部首로 맞는 것을 골라 그 番號를 쓰세요.

(1) 壓 – (① 土　② 厂　③ 犬　④ 厭)
(2) 視 – (① 示　② 見　③ 礻　④ 貝)
(3) 液 – (① 氵　② 夜　③ 亠　④ 亻)
(4) 息 – (① 自　② 心　③ 息　④ 白)
(5) 申 – (① 田　② 日　③ 丨　④ 申)

❿ 다음 漢字와 소리는 같으나 뜻이 다른 漢字語를 쓰세요.

> 例　山水 – (算數)

(1) 施工 – (　　　　)　　　　(2) 施行 – (　　　　)
(3) 實施 – (　　　　)　　　　(4) 視界 – (　　　　)

⓫ 다음 漢字語의 뜻을 쓰세요.

(1) 施設 :
(2) 詩集 :
(3) 休息 :
(4) 眼目 :

⓬ 다음 漢字의 略字(획수를 줄인 漢字)를 쓰세요.

(1) 壓 – (　　　　)　　　　(2) 觀 – (　　　　)
(3) 參 – (　　　　)　　　　(4) 寫 – (　　　　)

만화로 익히는 **고사성어**

臥 누울 와 薪 땔나무 신 嘗 맛볼 상 膽 쓸개 담

臥薪嘗膽은 부차의 와신(臥薪)과 구천의 상담(嘗膽)을 합하여 이루어진 성어로 **목적**을 달성하기 위하여 갖은 고생과 **역경**을 이겨낸다는 뜻이다.

부차야! 나의 원수를 반드시 갚아주어라.

오나라 왕 합려는 월왕 구천과의 싸움에서 활에 맞아 죽게 되었다. 그리고 부차에게 유언을 남겼다.

앗, 깜박했구나.

오왕이 된 부차는 부왕의 유명을 잊지 않으려고 '땔나무 위에서 잠을 자고'(臥薪), 자기 방문 앞에서 부왕의 유명을 외치게 하였다.

네 이놈! 이 아버지의 원수를 잊었느냐!!

이후 싸움에서 오왕 부차는 이겼으나 충신 오자서의 말은 듣지 않고, 월나라의 뇌물을 받은 재상 백비의 의견에 따라 월왕 구천을 고국으로 돌려보냈다.

한편 고국으로 돌아온 구천은 항상 쓸개를 곁에 두고 '쓸개의 쓴맛을 맛보면서'(嘗膽) 은밀히 군사를 훈련시키고 복수의 기회를 노렸다. 결국 7년간의 싸움끝에 월나라가 이겨 부차는 스스로 목숨을 끊었고 구천은 천하의 패자가 되었다.

🦐 아래의 풀이에 알맞은 한자를 쓰세요.

①		川		②内	③	
		④姓	⑤			⑥
					⑦	
⑧						不
⑨	告			⑩近		
				⑪		人

▶ 가로 열쇠
① 깊고 깊은 산천
② 내장이나 체강의 내부를 관찰하는 기계의 총칭
④ 성을 높여 부르는 말
⑦ 어떤 사람이 이성의 사람과의 사이에서 낳은 사람
⑨ 공적 사무를 다루는 부서에 일정한 사실을 알리는 일
⑪ 눈 아래에 사람이 없다는 뜻. 사람됨이 교만하여 남을 업신여김

▼ 세로 열쇠
① 깊은 바다   ③ 외계의 빛이 자극하여 일어나는 감각
⑤ 씨족제도를 바탕으로하는 원시 사회
⑥ 소식이 서로 통하지 않음
⑧ 상급학교 진학이나 취업에 있어 선발의 자료가 될 수 있도록 지원자의 출신학교에서 학업
   성적, 품행 등을 적어 보내는 일
⑩ 근시의 눈

4급 한자능력검정시험

❸과정

 額 이마 액

羊 양 양

 樣 모양 양

嚴 엄할 엄

如 같을 여

 與 더불 여
줄

餘 남을 여

易 바꿀 역
쉬울 이

 逆 거스릴 역

 域 지경 역

 延 늘일 연

研 갈 연

📝 다음 한자의 훈음을 알아 보고 빈 칸에 알맞게 쓰세요.

훈이마　　음액

내밀다는 뜻의 客(객)이 음부분, 頁이 뜻부분이다. 사람의 머리에서 튀어나온 부분인 '이마'를 뜻한다.

훈양　　음양

머리에 난 두 개의 뿔과 네 다리와 꼬리를 가진 양을 본뜬 글자로, '양'을 뜻한다.

頁부수 총 18획	額額額額額額額額額額額額					
額 이마 **액**	額	額	額	額	額	額
	이마 액					

| 어휘 : 額面(액면)　巨額(거액)　金額(금액)

羊부수 총 6획	羊羊羊羊羊羊					
羊 양 **양**	羊	羊	羊	羊	羊	羊
	양 양					

| 사자성어 : 羊頭狗肉(양두구육) - 양의 머리를 내걸고 실제로는 개고기를 팜. 선전은 버젓하지만 내실이 따르지 못함.
　　　　　九折羊腸(구절양장) - 산길 따위가 몹시 험하게 꼬불꼬불함.

다음 한자의 훈음을 알아 보고 빈 칸에 알맞게 쓰세요.

훈 모양   음 양

木과 상수리 나무를 뜻하는 羕(양)이 합쳐진 글자로, 본래 상수리나무의 뜻이었으나 뒤에 가차되어 '모양, 형상' 등을 뜻한다.

훈 엄할   음 엄

본래 험준한 바위 모양을 본떠서 '험하다'는 뜻을 나타냈지만 뒤에 의미가 발전하여 '엄하다, 혹독하다' 등을 뜻하게 되었다.

木부수 총 15획	樣樣樣樣樣樣樣樣樣樣樣

樣 樣 樣 樣 樣 樣 樣

樣

모양 **양**

약자
樣

어휘 : 樣式(양식) 多樣(다양)   유의어 : 態(모양 태)
사자성어 : 各樣各色(각양각색) – 서로 다른 갖가지 모양.

口부수 총 20획	嚴嚴嚴嚴嚴嚴嚴嚴嚴嚴嚴嚴嚴嚴嚴嚴

嚴 嚴 嚴 嚴 嚴 嚴 嚴

嚴

엄할 **엄**

약자
厳

어휘 : 嚴格(엄격) 嚴肅(엄숙)
사자성어 : 嚴冬雪寒(엄동설한) – 엄동의 심한 추위.

✏️ 다음 한자의 훈음을 알아 보고 빈 칸에 알맞게 쓰세요.

훈같을   음여

女가 음부분으로 쓰였다. **'같다'** 를 뜻한다.

훈더불/줄   음여:

두 사람이 마주들고 올린다는데서, **'함께하다, 주다'** 등을 뜻한다.

女부수 총 6획					ㄴ如女如如如如
如	如	如	如	如	如	如
같을 여					

사자성어 : 始終如一(시종여일) – 처음부터 끝까지 변함이 없이 한결 같다.
生不如死(생불여사) – 삶이 죽음만 같지 못하다. 즉 몹시 곤란한 지경에 빠져 있음.

臼부수 총 14획					與與與與與與與與與與與與與與
與	與	與	與	與	與	與
더불 줄 여					약자 与

어휘 : 給與(급여) 參與(참여)   모양이 비슷한 한자 : 興(일 흥)
사자성어 : 與民同樂(여민동락) – 임금과 백성이 함께 즐김.   유의어 : 參(참) 상대반의어 : 野(야)

📝 다음 한자의 훈음을 알아 보고 빈 칸에 알맞게 쓰세요.

훈 남을　음 여

훈 바꿀/쉬울　음 역/이:

먹을 것을 뜻하는 食(식)과 넉넉하다는 뜻인 余(여)를 합친 글자로, 먹을 음식이 풍족하다는데서 **'남다, 넉넉하다, 여가'** 등을 뜻한다.

도마뱀을 본뜬 글자로 도마뱀의 머리는 하루에 여러 번 빛깔이 변하므로 **'바꾸다, 쉽다'** 등의 뜻으로 쓰이게 되었다.

食부수 총 16획	餘 餘 餘 餘 餘 餘 餘 餘 餘 餘 餘 餘

餘

餘 餘 餘 餘 餘 餘 餘

약자

余

남을 **여**

남을 여

어휘 : 餘暇(여가) 餘念(여념) 餘白(여백)

日부수 총 8획	易 易 易 易 易 易 易 易

易

易 易 易 易 易 易 易

바꿀 **역**
쉬울 **이**

바꿀 역/쉬울 이

어휘 : 貿易(무역) 容易(용이)　　　　　　　　　상대반의어 : 難(어려울 난)
사자성어 : 易地思之(역지사지) – 처지를 서로 바꾸어 생각함.

✏️ 다음 한자의 훈음을 알아 보고 빈 칸에 알맞게 쓰세요.

훈 거스릴   음 역

거스를 역(屰)에 쉬엄쉬엄 갈 착(辶)이 합쳐진
자로, 길을 반대 방향으로 거슬러 간다는데서
'거스르다, 배반하다, 어기다' 등을 뜻한다.

훈 지경   음 역

사방이 둘러 싸인(口)땅(土)을 창(戈)을 들고
지키는 곳이라는데서, '나라, 지경' 등을 뜻한다.

辶(辵)부수 총 10획   逆逆逆逆逆逆逆逆逆逆

	逆	逆	逆	逆	逆	逆
逆						
거스릴 역	거스릴 역					

| 어휘 : 逆說(역설) 拒逆(거역)   상대반의어 : 順(순할 순)
| 사자성어 : 忠言逆耳(충언역이) – 충언은 귀에 거슬린다.

土부수 총 11획   域域域域域域域域域域域

	域	域	域	域	域	域
域						
지경 역	지경 역					

| 어휘 : 區域(구역) 領域(영역) 地域(지역)

✎ 다음 한자의 훈음을 알아 보고 빈 칸에 알맞게 쓰세요.

훈 늘일   음 연

훈 갈   음 연:

丿(삐칠 별) 延(천천히 걸을 전)을 합친 자로, 몸을 펴고 천천히 걸으니 시간만 늘어진다 하여 **'끌다, 이끌다'** 등을 뜻한다.

石이 뜻부분, 幵(평평할 견)이 음부분이다. 돌을 평평하게 간다는데서 **'갈다, 궁구하다'** 등을 뜻한다.

廴 부수 총 7획

延 延 延 延 延 延 延

延	延	延	延	延	延	延	延

늘일 **연**

늘일 연

┃어휘 : 延期(연기) 延命(연명)

┃모양이 비슷한 한자 : 廷(조정 정 : 준3급)

石부수 총 11획

研 研 研 研 研 研 研 研 研

研	研	研	研	研	研	研	研
							약자 研

갈 **연**

갈 연

┃어휘 : 研究(연구) 研修(연수)

┃유의어 : 究(궁구할 구)

※ 다음 글을 읽고 물음에 답하시오. (❶ ~ ❷)

　　세종 대왕은 1397년에 태종 임금의 셋째 아들로 태어났다. 스물 두 살 되던 해에 朝鮮⁽¹⁾의 제 4대 임금이 된 세종 대왕은 백성⁽⁶⁾을 사랑하고 백성을 위하는 바른 정치에 힘을 썼다.

　　세종 대왕은 천문 氣象⁽²⁾에 관심⁽⁷⁾이 깊어, 장영실, 이천 등에게 '해시계⁽⁸⁾', '물시계', '측우기' 등을 만들게 하였다. 특히, 측우기는 이탈리아의 카스텔리가 만든 것보다 약 200년이나 앞선 것이었다.

　　또, 세종 대왕은 활자⁽⁹⁾와 인쇄술을 發展⁽³⁾시켜 농사직설, 효행록, 삼강행실도 등 많은 책을 펴내도록 하였다. 이러한 우수한 발명품⁽¹⁰⁾과 책들은 백성들이 농사⁽¹¹⁾를 짓고 올바른 생활을 하는데 큰 도움을 주었다.

　　음악에도 조예가 깊었던 세종 대왕은 박연에게 전래⁽¹²⁾의 음악을 정리하게 하였고, 우리 고유⁽¹³⁾의 악기⁽¹⁴⁾도 만들게 하였다. 또, 자주 國防⁽⁴⁾을 위하여 남해안에 나타나 노략질을 일삼던 왜구를 물리쳤고, 북쪽 국경⁽¹⁵⁾에서 자주 행패를 부리던 여진족을 몰아내어 領土⁽⁵⁾를 넓혔다.

❶ 윗글에서 밑줄 친 漢字語 (1)~(5)의 讀音을 쓰세요.

(1) 朝鮮　　（　　　　）　　(2) 氣象　　（　　　　）
(3) 發展　　（　　　　）　　(4) 國防　　（　　　　）
(5) 領土　　（　　　　）

❷ 윗글에서 밑줄 친 漢字語 (6)~(15)를 漢字로 쓰세요.

(6) 백성　　（　　　　）　　(7) 관심　　（　　　　）
(8) 시계　　（　　　　）　　(9) 활자　　（　　　　）
(10) 발명품　（　　　　）　　(11) 농사　　（　　　　）
(12) 전래　　（　　　　）　　(13) 고유　　（　　　　）
(14) 악기　　（　　　　）　　(15) 국경　　（　　　　）

❸ 다음 漢字語의 讀音을 쓰세요.

(1) 額面　　（　　　　）　　(2) 延期　　（　　　　）
(3) 逆說　　（　　　　）　　(4) 研修　　（　　　　）

(5) 模樣　（　　　　　）　　　(6) 餘念　（　　　　　）

(7) 缺如　（　　　　　）　　　(8) 樣相　（　　　　　）

(9) 寄與　（　　　　　）　　　(10) 逆境　（　　　　　）

(11) 餘暇　（　　　　　）　　　(12) 羊毛　（　　　　　）

(13) 嚴格　（　　　　　）　　　(14) 逆流　（　　　　　）

(15) 嚴肅　（　　　　　）　　　(16) 拒逆　（　　　　　）

(17) 研究　（　　　　　）　　　(18) 如前　（　　　　　）

(19) 延着　（　　　　　）　　　(20) 餘白　（　　　　　）

(21) 嚴親　（　　　　　）　　　(22) 與黨　（　　　　　）

(23) 交易　（　　　　　）　　　(24) 領域　（　　　　　）

(25) 地域　（　　　　　）　　　(26) 延命　（　　　　　）

(27) 延長　（　　　　　）　　　(28) 山羊　（　　　　　）

(29) 安易　（　　　　　）　　　(30) 聖域　（　　　　　）

④ 다음 漢字의 訓과 음을 쓰세요.

(1) 與　（　　　　　）　　　(2) 羊　（　　　　　）

(3) 樣　（　　　　　）　　　(4) 研　（　　　　　）

(5) 如　（　　　　　）　　　(6) 延　（　　　　　）

(7) 餘　（　　　　　）　　　(8) 易　（　　　　　）

(9) 逆　（　　　　　）　　　(10) 域　（　　　　　）

⑤ 다음 漢字와 뜻이 상대 또는 반대되는 漢字를 써서 漢字語를 만드세요.

例	江 – （ 山 ）

(1) 與 – （　　　　）　　　　　(2) （　　　　） – 易

(3) （　　　　） – 逆　　　　　(4) 吉 – （　　　　）

❻ 다음 漢字와 뜻이 비슷한 漢字를 써서 漢字語를 만드세요.

> 例　河 – (川)

(1) (　　　) – 與　　　　　　(2) 研 – (　　　)
(3) (　　　) – 爭　　　　　　(4) (　　　) – 固

❼ 다음 漢字語의 (　　) 속에 알맞은 漢字를 쓰세요.

> 例　見(物)生心 : 실물을 보면 욕심이 생김

(1) 各(　　)各色 : 서로 다른 갖가지 모양
(2) (　　)民同樂 : 임금과 백성이 함께 즐김
(3) (　　)地思之 : 처지를 바꾸어 생각함
(4) 一日(　　)三秋 : 하루가 삼년 같다는 뜻, 몹시 애태우며 기다림을
　　　　　　　　　　 형용하는 말

❽ 다음 漢字와 소리는 같으나 뜻이 다른 漢字語를 쓰세요.

> 例　山水 – (算數)

(1) 羊毛 – (　　　)　　　　　(2) 樣式 – (　　　)
(3) 逆說 – (　　　)　　　　　(4) 延長 – (　　　)

❾ 다음 漢字語의 뜻을 쓰세요.

(1) 多樣 :　　　　　　　　　(2) 餘白 :
(3) 逆境 :　　　　　　　　　(4) 研究 :

❿ 다음 漢字의 略字(획수를 줄인 漢字)를 쓰세요.

(1) 樣 – (　　　)　　　　　　(2) 與 – (　　　)
(3) 餘 – (　　　)　　　　　　(4) 國 – (　　　)

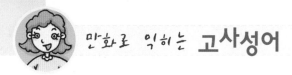

韋 가죽 끈 위　編 책 편　三 석 삼　絶 끊을 절

韋編三絶은 공자(孔子)가 주역(周易)이란 책을 읽기를 너무나 즐겨하여 책을 맨 가죽끈이 세 번이나 끊어졌다는데서 온 성어로 책을 많이 읽음을 비유할 때 쓰이는 말이다.

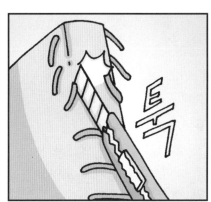

✎ 아래의 풀이에 알맞은 한자를 쓰세요.

	①		②	之			③		
						④ 各			
						⑤			
	⑥			⑦ 忠		耳			
								⑧	
⑨ 生					⑩		⑪		
			⑫ 交					市	

▶ **가로 열쇠**

① 처지를 바꾸어 생각함
④ 서로 다른 갖가지 모양
⑦ 충언은 귀에 거슬린다
⑨ 삶이 죽음만 못하다. 몹시 곤란한 지경에 빠져 있음
⑪ 일국의 주권이 미치는 범위
⑫ 물건을 사고 팔고하여 서로 바꾸는 것

▼ **세로 열쇠**

② 생각함, 궁리함
③ 여러 가지로 많다
⑤ 지시를 따르지 않고 거스르는 것
⑥ 처음부터 끝까지 변함이 없이 한결 같다
⑧ 상급 지방 자치단체의 하나, 부산, 대구, 인천, 광주 등
⑩ 본래의 것보다 줄이거나 간단히하여 이용하기 쉽거나 편리하게 한 상태

	煙 연기 연		鉛 납 연
	演 펼 연		燃 탈 연
	緣 인연 연		迎 맞을 영
	映 비칠 영		榮 영화 영
	營 경영할 영		豫 미리 예
	藝 재주 예		誤 그르칠 오

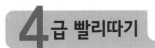

월   일   이름: 확인:

📝 다음 한자의 훈음을 알아 보고 빈 칸에 알맞게 쓰세요.

훈 연기   음 연

火가 뜻부분, 垔(인)이 음부분이다. 화로에 불을 피울 때 나는 '**연기**'를 뜻한다. 烟과 같은 글자이다.

훈 납   음 연

金에 뚫다의 뜻을 지닌 㕣(연)을 합친 글자로, 부드럽고 연해서 구멍을 뚫기 쉬운 쇠붙이란데서 '**납**'을 의미한다.

火부수 총 13획			煙煙煙煙煙煙煙煙煙煙			
煙	煙	煙	煙	煙	煙	煙
연기 **연**	연기 연					

| 어휘 : 煙氣(연기) 禁煙(금연) 愛煙(애연)

金부수 총 13획			鉛鉛鉛鉛鉛鉛鉛鉛鉛鉛鉛鉛			
鉛	鉛	鉛	鉛	鉛	鉛	鉛
						약자
납 **연**	납 연					鈆

| 어휘 : 黑鉛(흑연) 鉛筆(연필)

✎ 다음 한자의 훈음을 알아 보고 빈 칸에 알맞게 쓰세요.

演   훈펼   음연:

燃   훈탈   음연

水가 뜻부분, 寅(당길 인)이 음부분이다. 강물이 서서히 넓게 흐르는 것을 나타내어 **'펴다, 흐르다'** 를 뜻한다.

火가 뜻부분, 然(그럴 연)이 음부분이다. 본래 然이 태운다는 뜻이었는데, 뒤에 火를 덧붙여 **'사르다, 타다'** 는 뜻을 명확히 하였다.

氵(水)부수 총 14획	演演演演演演演演演演演演演演
演 펼 **연**	演 演 演 演 演 演 演

| 어휘 : 演技(연기) 講演(강연) 演劇(연극) |

火부수 총 16획	燃燃燃燃燃燃燃燃燃燃燃燃燃
燃 탈 **연**	燃 燃 燃 燃 燃 燃 燃

| 어휘 : 燃料(연료) 燃燒(연소) 可燃(가연) | 유의어 : 燒(태울 소 : 3급) |

✏️ 다음 한자의 훈음을 알아 보고 빈 칸에 알맞게 쓰세요.

緣 훈 인연 음 연

糸가 뜻부분, 彖(끊을 단)이 음부분이다. 끊어진 천의 가장자리를 풀리지 않게 실로 꿰맨다는데서, '인연'을 뜻한다.

迎 훈 맞을 음 영

우러러 본다는 뜻의 卬(앙)과 辶(쉬엄쉬엄갈 착)을 합친 글자로, 천천히 오는 사람을 공손히 우러러 '맞이한다'는 뜻이다.

糸부수 총 15획   緣緣緣緣緣緣緣緣緣緣

緣

인연 **연**

사자성어 : 緣木求魚(연목구어) – 나무에 올라 물고기를 구함.
즉 불가능한 일을 무리하게 하려고 함.

모양이 비슷한 한자 : 綠(푸를 록)

辶(辵)부수 총 8획   迎迎迎迎迎迎迎迎

迎

맞을 **영**

어휘 : 迎合(영합) 歡迎(환영)
사자성어 : 送舊迎新(송구영신) – 묵은 해를 보내고 새해를 맞음.

상대반의어 : 送(보낼 송)

✏️ 다음 한자의 훈음을 알아 보고 빈 칸에 알맞게 쓰세요.

映

훈 비칠　음 영(:)

日에 央(가운데 앙)을 합친 자로, 해가 중천에서 비추니 더 밝다는데서, '**비추다**'를 뜻한다.

榮

영예의 대상

훈 영화　음 영

木이 뜻부분으로 나무에 핀 꽃이 봄빛처럼 아름답다는데서, '**영화롭다, 번영하다**' 등을 뜻한다.

日부수 총 9획					映 映 映 映 映 映 映 映 映

映

비칠 **영**

映	映	映	映	映	映

어휘 : 映像(영상)　反映(반영)　上映(상영)

木부수 총 14획					榮 榮 榮 榮 榮 榮 榮 榮

榮

영화 **영**

榮	榮	榮	榮	榮	榮

약자

栄

어휘 : 榮樂(영락)　榮達(영달)　榮光(영광)　　모양이 비슷한 한자 : 營(경영할 영)
사자성어 : 富貴榮華(부귀영화) - 재산이 많고 지위가 높으며 영화로움.

✏️ 다음 한자의 훈음을 알아 보고 빈 칸에 알맞게 쓰세요.

훈 경영할   음 영

몸(=宮집 궁)이 뜻부분으로 불을 밝힌 진영을 뜻하였으나, 뒤에 '**경영하다, 다스리다**' 등을 뜻하게 되었다.

훈 미리   음 예:

코끼리의 상형인 象과 몸과 마음을 편안하게 하다의 뜻인 予(여)가 합쳐진 글자로, '**여유를 갖고 대비하다, 미리**'를 뜻한다.

火부수 총 17획

營 營 營 營 營 營 營 營 營 營 營

營

營 營 營 營 營 營 營

약자

営

경영할 **영**

경영할 **영**

| 어휘 : 營利(영리) 經營(경영) | 모양이 비슷한 한자 : 榮(영화 영)

豕부수 총 16획

豫 豫 豫 豫 豫 豫 豫 豫 豫 豫 豫 豫 豫 豫

豫

豫 豫 豫 豫 豫 豫 豫

약자

予

미리 **예**

미리 **예**

| 어휘 : 豫感(예감) 豫見(예견) 豫買(예매)

다음 한자의 훈음을 알아 보고 빈 칸에 알맞게 쓰세요.

훈 재주   음 예:

'**심다**'라는 뜻이었는데, 뒤에 '**재주, 기예**' 등을 뜻하게 되었다.

훈 그르칠   음 오:

言에 어긋나다의 뜻인 吳(오)가 합쳐진 글자로, 말과 사실이 어긋난다는데서 '**틀리다, 그르치다**' 등을 뜻한다.

艹(艸)부수 총 19획

藝 藝 藝 藝 藝 藝 藝 藝 藝 藝 藝 藝

재주 **예**

약자

芸

어휘 : 藝術(예술) 曲藝(곡예)   유의어 : 技(재주 기)

言부수 총 14획

誤 誤 誤 誤 誤 誤 誤 誤 誤 誤

그르칠 **오**

어휘 : 誤記(오기) 誤解(오해)

모양이 비슷한 한자 : 娛(즐거워할 오 : 3급)
상대반의어 : 正(바를 정) 유의어 : 過(허물 과)

❶ 다음 漢字語의 讀音을 쓰세요.

(1) 煙氣　　(　　　)　　(2) 豫買　　(　　　)
(3) 演劇　　(　　　)　　(4) 可燃　　(　　　)
(5) 營利　　(　　　)　　(6) 映寫　　(　　　)
(7) 緣故　　(　　　)　　(8) 黑鉛　　(　　　)
(9) 經營　　(　　　)　　(10) 放映　　(　　　)
(11) 演技　　(　　　)　　(12) 藝術　　(　　　)
(13) 講演　　(　　　)　　(14) 曲藝　　(　　　)
(15) 出演　　(　　　)　　(16) 誤算　　(　　　)
(17) 兵營　　(　　　)　　(18) 燃料　　(　　　)
(19) 豫見　　(　　　)　　(20) 禁煙　　(　　　)
(21) 豫感　　(　　　)　　(22) 緣由　　(　　　)
(23) 因緣　　(　　　)　　(24) 營業　　(　　　)
(25) 奉迎　　(　　　)　　(26) 迎合　　(　　　)

❷ 다음 漢字의 訓과 音을 쓰세요.

(1) 豫　　(　　　)　　(2) 鉛　　(　　　)
(3) 演　　(　　　)　　(4) 燃　　(　　　)
(5) 藝　　(　　　)　　(6) 煙　　(　　　)
(7) 映　　(　　　)　　(8) 榮　　(　　　)
(9) 營　　(　　　)　　(10) 緣　　(　　　)

❸ 다음 漢字語를 漢字로 쓰세요.

(1) 기예(기술상의 재주)
(2) 오용(잘못 사용하는 것)
(3) 강연(일정한 주제를 가지고 청중 앞에서 강의 형식으로 이야기하는 것)
(4) 금연(담배 피우는 것을 금하는 것)
(5) 연료(열, 빛, 동력을 얻기 위하여 연소시키는 재료)
(6) 예감(어떤 일이 있기 전에 그 일에 대하여 암시적으로 또는 육감적으로 미리
　　느끼는 것)

(7) 봉영(귀인이나 존경하는 사람을 받들어 맞이하는 것)

(8) 반영(① 빛이 반사되어 비치는 것 ② 어떤 현상을 드러내어 표현하는 것)

(9) 영락(영화롭고 즐겁다)

(10) 경영(사업이나 기업 등을 관리하고 운영하는 것)

④ 다음 訓과 音에 맞는 漢字를 쓰세요.

(1) 연기 연   (   )   (2) 경영할 영   (   )

(3) 펼 연   (   )   (4) 영화 영   (   )

(5) 인연 연   (   )   (6) 맞을 영   (   )

⑤ 다음에 例示한 漢字語 중에서 앞 글자가 長音으로 發音되는 것을 골라 그 番號를 쓰세요.

(1) ① 迎合 ② 書藝 ③ 演說 ④ 燃料

(2) ① 豫想 ② 因緣 ③ 黑鉛 ④ 營農

(3) ① 容易 ② 藝術 ③ 煙氣 ④ 域內

(4) ① 逆流 ② 延長 ③ 房門 ④ 誤用

⑥ 다음 漢字와 뜻이 상대 또는 반대되는 漢字를 써서 漢字語를 만드세요.

例	江 – (山)

(1) (   ) – 迎   (2) (   ) – 誤

(3) 善 – (   )   (4) 成 – (   )

⑦ 다음 漢字와 뜻이 비슷한 漢字를 써서 漢字語를 만드세요.

例	河 – (川)

(1) 技 – (   )   (2) (   ) – 誤

(3) (   ) – 福   (4) 寒 – (   )

❽ 다음 漢字語의 ( ) 속에 알맞은 漢字를 쓰세요.

> 例   見(物)生心 : 실물을 보면 욕심이 생김

(1) (   )木求魚 : 나무에 올라 물고기를 구한다는 뜻. 불가능한 일을 무리하게
하려 함을 비유하는 말
(2) 送舊(   )新 : 묵은 해를 보내고 새해를 맞음
(3) (   )冬雪寒 : 눈이 오고 몹시 추운 겨울
(4) 始(   )如一 : 처음부터 끝까지 변함 없이 한결같다

❾ 다음 漢字의 部首로 맞는 것을 골라 그 番號를 쓰세요.

(1) 迎 - (① 卬 ② 𠃌 ③ 卩 ④ 辶)
(2) 藝 - (① 丸 ② 土 ③ 云 ④ 艹)
(3) 豫 - (① 子 ② 象 ③ 豕 ④ 豫)
(4) 映 - (① 央 ② 大 ③ 日 ④ 人)
(5) 營 - (① 火 ② 呂 ③ 冖 ④ 口)

❿ 다음 漢字語의 뜻을 쓰세요.

(1) 可燃 :
(2) 誤算 :
(3) 營業 :
(4) 競演 :

⓫ 다음 漢字의 略字(획수를 줄인 漢字)를 쓰세요

(1) 榮 - (   )   (2) 豫 - (   )
(3) 藝 - (   )   (4) 權 - (   )

知알지 音소리음

知音은 백아의 연주 소리를 종자기가 잘 헤아려 알아 준데서 **마음을 잘 알아주는 친구**를 뜻한다.
知己之友(지기지우)와 같은 뜻으로 쓰인다.

춘추시대에 거문고를 매우 잘 타던 백아에게 그의 마음을 잘 알아주는 종자기라는 친구가 있었다.

백아가 태산을 연주하면 종자기는 태산을 떠올렸고

흐르는 강물을 연주하면 강물을 떠올렸다.

이렇듯 백아의 연주 소리(音)를 종자기가 잘 헤아려 알아주었다(知).

🖋 아래의 풀이에 알맞은 한자를 쓰세요.

	① 可	②				③	
					④	木	
	⑤		⑥ 新			⑦	⑧
	⑨				⑩		
	業			⑪	貴		華

▶ **가로 열쇠**

① 불에 타기 쉬운 성질
④ 불가능한 일을 무리하게 하려고 하는 것의 비유
⑤ 묵은 해를 보내고 새해를 맞음
⑦ 어떤 영향이 다른 것에 미쳐 나타남
⑨ 재산의 이익을 도모하는 것
⑪ 재산이 많고 지위가 높으며 영화로움

▼ **세로 열쇠**

② 열, 빛, 동력 등을 얻기 위하여 연소시키는 재료, 땔감
③ 서로의 연분   ⑥ 사람을 맞아 들이는 것
⑧ 어떤 줄거리나 내용을 담아서 찍은 긴 필름을 영사막에 계속적으로 비추어 나타나게 한 일련
   의 움직이는 영상
⑨ 영리를 목적으로 사업을 경영하는 것
⑩ 첫째 가는 큰 부자

	玉 구슬 옥		往 갈 왕
	謠 노래 요		容 얼굴 용
	遇 만날 우		郵 우편 우
	優 넉넉할 우		怨 원망할 원
	員 인원 원		援 도울 원
	圓 둥글 원		源 근원 원

✎ 다음 한자의 훈음을 알아 보고 빈 칸에 알맞게 쓰세요.

훈 구슬　음 옥

옥돌 세 개를 끈으로 꿴 모양을 본뜬 글자로, '옥'을 뜻한다.

훈 갈　음 왕:

자축거릴 척(彳)이 뜻부분으로 쓰여 '가다, 옛' 등을 뜻한다.

玉부수 총 5획　　　　　　　　　　　　　　　　玉 玉 玉 玉 玉

玉　　玉　玉　玉　玉　玉　玉　玉

구슬 옥　　구슬 옥

| 어휘 : 玉石(옥석) 玉體(옥체) | 유의어 : 珠(구슬 주) 상대반의어 : 石(돌 석) |
| 모양이 비슷한 한자 : 王(임금 왕) |

彳부수 총 8획　　　　　　　　　　　　　　　往 往 往 往 往 往 往 往

往　　往　往　往　往　往　往　往

갈 왕　　갈 왕

어휘 : 往來(왕래) 往年(왕년)　　상대반의어 : 來(올 래), 復(회복할 복/다시 부)
사자성어 : 說往說來(설왕설래) – 말이 오고가는 것, 서로 변론하느라 옥신각신 하는 것.

월   일   이름: 확인:

✏️ 다음 한자의 훈음을 알아 보고 빈 칸에 알맞게 쓰세요.

훈 노래   음 요

훈 얼굴   음 용

言에 노래하다의 뜻인 䍃(요)를 합친 글자로, **'노래, 노래하다'**를 뜻한다.

宀(집 면)과 谷(골 곡)이 합쳐진 것으로, 골짜기나 집은 물을 모으고 물건을 보관할 수 있다는데서, **'담다'** 또는 **'얼굴'**을 뜻한다.

言부수 총 17획	謠謠謠謠謠謠謠謠謠謠謠

謠

노래 **요**

| 노래 요 |

| 어휘 : 歌謠(가요) 民謠(민요) | 유의어 : 歌(노래 가) |

宀부수 총 10획	容容容容容容容容容容

容

얼굴 **용**

| 얼굴 용 |

| 어휘 : 容納(용납) 容恕(용서) 容器(용기) | 모양이 비슷한 한자 : 客(손 객) |

📎 다음 한자의 훈음을 알아 보고 빈 칸에 알맞게 쓰세요.

훈 만날   음 우:

辵(쉬엄쉬엄갈 착)이 뜻부분, 禺(우)가 음부분이다. 길을 가다가 우연히 '만나다'를 뜻한다.

훈 우편   음 우

垂(변방 수)가 음부분, 邑(고을 읍)이 뜻부분이다. 변방과 중앙간에 연락을 할 때 쉬는 역사를 뜻하였으나 전주되어 '우편'을 뜻한다.

辶(辵)부수 총 13획	遇遇遇遇遇遇遇遇遇遇遇遇遇

遇

만날 **우**

어휘 : 不遇(불우) 禮遇(예우) 待遇(대우)

ß(邑)부수 총 11획	郵郵郵郵郵郵郵郵郵郵郵

郵

우편 **우**

어휘 : 郵便(우편) 郵票(우표) 郵送(우송)

✎ 다음 한자의 훈음을 알아 보고 빈 칸에 알맞게 쓰세요.

훈 넉넉할   음 우

人(사람 인)이 뜻부분, 憂(우)가 음부분이다. 원래 광대를 뜻하였는데, 뒤에 '넉넉하다, 뛰어나다' 등을 뜻하게 되었다.

훈 원망할   음 원(:)

心(마음 심)에 구부린다는 뜻의 夗(누워딩굴 원)을 합친 자로, 마음이 구부러져서 불만스러워한다는 데서 '원망하다, 슬퍼하다, 미워하다' 등을 뜻한다.

亻(人)부수 총 17획	優優優優優優優優優優優優優優
優 넉넉할 우	優 優 優 優 優 優 優

어휘 : 優等(우등) 優勢(우세) 優勝(우승)

心부수 총 9획	怨怨怨怨怨怨怨怨怨
怨 원망할 원	怨 怨 怨 怨 怨 怨 怨

어휘 : 怨望(원망) 宿怨(숙원)

유의어 : 恨(한 한)
상대반의어 : 恩(은혜 은)

✎ 다음 한자의 훈음을 알아 보고 빈 칸에 알맞게 쓰세요.

훈 인원   음 원

훈 도울   음 원:

口와 貝(조개 패)가 합쳐진 것이다. 둥근 솥의 모양을 나타내 둥글다는 뜻으로 쓰였다. **'인원, 수효'** 등을 나타내는 자로 의미가 변하였다.

手가 뜻부분, 爰(이에 원)이 음부분이다. 위험에 처한 사람에게 손을 내밀어 당겨 준다는데서, **'돕다, 당기다'** 등을 뜻한다.

口부수 총 10획						員員員員員員員員員員

員
인원 **원**

	員	員	員	員	員	員
						약자 員
	인원 원					

어휘 : 減員(감원) 官員(관원) 會員(회원)

扌(手)부수 총 12획						援援援援援援援援援援援援

援
도울 **원**

	援	援	援	援	援	援
	도울 원					

어휘 : 援助(원조) 救援(구원)   ┃유의어 : 助(도울 조)
사자성어 : 孤立無援(고립무원) - 고립되어 구원을 받을 데가 없음.

✎ 다음 한자의 훈음을 알아 보고 빈 칸에 알맞게 쓰세요.

훈 둥글　　음 원

에울 위(□)와 둥글 원(貟)이 합쳐진 글자로, 貟이 둥글다는 뜻에서 물건이나 사람의 수효를 세는 뜻으로 쓰이게 되자, 두르다의 의미인 □를 더하여, '**둥글다**'의 뜻을 나타냈다.

훈 근원　　음 원

水가 뜻부분, 原(언덕 원)이 음부분이다. 原이 본래 '**근원**'의 뜻이었는데, 뒤에 '**언덕**'의 뜻으로 쓰이면서 '**근원**'의 뜻으로는 氵을 더하여 뜻을 분명하게 하였다.

□부수 총 13획	圓圓圓圓圓圓冑冑冑冑圓圓圓

圓

둥글 **원**

| 圓 | 圓 | 圓 | 圓 | 圓 | 圓 | 圓 |

┃ 어휘 : 圓滿(원만) 圓卓(원탁)　　　　　　　　　┃ 모양이 비슷한 한자 : 圖(그림 도)

氵(水)부수 총 13획	源源源源源源源源源源源

源

근원 **원**

| 源 | 源 | 源 | 源 | 源 | 源 | 源 |

┃ 어휘 : 發源(발원) 語源(어원) 根源(근원)

※ 다음 글을 읽고 물음에 답하시오.(❶ ~ ❷)

> 현대는 물과 공기와 광고⁽⁵⁾로 이루어져 있다. 우리는 매일⁽⁶⁾ 텔레비전, 신문, 잡지, 라디오 등을 통하여 광고를 보고 듣는다.
>
> 기업체의 광고는 사업 성패⁽⁷⁾의 열쇠가 되기도 한다. 실적이 부진한 기업이 광고에 힘입어 되살아난 境遇⁽¹⁾도 종종 있다. 요즈음은 기업뿐만 아니라 정부나 공공 團體⁽²⁾, 기타 사회 團體 등도 광고를 활발히 하고 있다. 우리에게 친숙한 교통 안전⁽⁸⁾이나 에너지 절약⁽⁹⁾ 운동, 選擧⁽³⁾ 때의 정당 광고나 공명 選擧를 호소하는 안내문 등도 광고에 속한다. 현대인은 이처럼 광고와 함께 호흡하며 광고와 함께 생활한다 해도 지나친 말이 아니다. 광고는 인류의 출현⁽¹⁰⁾과 함께 시작되었다고 볼 수 있다. 그러나 본격적⁽¹¹⁾인 광고는 17세기 중엽⁽¹²⁾에 나타났다. 당시⁽¹³⁾ 세계의 상권을 쥐고 있던 영국에서 상업상의 목적으로 널리 알린다는 意味⁽⁴⁾로 '광고'라는 용어가 처음 쓰였다고 한다. 우리 나라에서는 조선 시대 말기⁽¹⁴⁾에 신문이 등장하면서부터 광고가 본격적으로 발달하였다.

❶ 윗글에서 밑줄 친 漢字語 (1)~(4)의 讀音을 쓰세요.

(1) 境遇   (   )   (2) 團體   (   )

(3) 選擧   (   )   (4) 意味   (   )

❷ 윗글에서 밑줄 친 漢字語 (5)~(14)를 漢字로 쓰세요.

(5) 광고   (   )   (6) 매일   (   )

(7) 성패   (   )   (8) 안전   (   )

(9) 절약   (   )   (10) 출현   (   )

(11) 본격적 (   )   (12) 중엽   (   )

(13) 당시   (   )   (14) 말기   (   )

❸ 다음 漢字語의 讀音을 쓰세요.

(1) 農謠   (   )   (2) 優待   (   )

(3) 發源　　（　　　　　）　　　(4) 圓形　　（　　　　　）

(5) 玉帶　　（　　　　　）　　　(6) 不遇　　（　　　　　）

(7) 往年　　（　　　　　）　　　(8) 容量　　（　　　　　）

(9) 優等　　（　　　　　）　　　(10) 優秀　　（　　　　　）

(11) 歌謠　　（　　　　　）　　　(12) 人員　　（　　　　　）

(13) 玉鏡　　（　　　　　）　　　(14) 民謠　　（　　　　　）

(15) 圓滿　　（　　　　　）　　　(16) 往來　　（　　　　　）

(17) 容納　　（　　　　　）　　　(18) 宿怨　　（　　　　　）

(19) 敎員　　（　　　　　）　　　(20) 優勢　　（　　　　　）

(21) 待遇　　（　　　　　）　　　(22) 怨望　　（　　　　　）

(23) 救援　　（　　　　　）　　　(24) 語源　　（　　　　　）

(25) 郵送　　（　　　　　）　　　(26) 根源　　（　　　　　）

(27) 怨聲　　（　　　　　）　　　(28) 玉骨　　（　　　　　）

(29) 社員　　（　　　　　）　　　(30) 郵便　　（　　　　　）

❹ 다음 漢字의 訓과 音을 쓰세요.

(1) 援　　（　　　　　）　　　(2) 往　　（　　　　　）

(3) 怨　　（　　　　　）　　　(4) 容　　（　　　　　）

(5) 圓　　（　　　　　）　　　(6) 郵　　（　　　　　）

(7) 優　　（　　　　　）　　　(8) 謠　　（　　　　　）

(9) 員　　（　　　　　）　　　(10) 遇　　（　　　　　）

❺ 다음 漢字와 뜻이 상대 또는 반대되는 漢字를 써서 漢字語를 만드세요.

例	江 - (山)

(1) 玉 - （　　　　　）　　　(2) 往 - （　　　　　）

(3) （　　　　　） - 怨　　　(4) 新 - （　　　　　）

⑥ 다음 漢字와 뜻이 비슷한 漢字를 써서 漢字語를 만드세요.

例   河 – (川)

(1) 歌 – (   )   (2) 打 – (   )

(3) 衣 – (   )   (4) 報 – (   )

⑦ 다음 漢字語의 (   ) 속에 알맞은 漢字를 쓰세요.

例   見(物)生心 : 실물을 보면 욕심이 생김

(1) 說(   )說來 : 서로 변론하느라 옥신각신 하는 것, 또는 말이 오고가는 것

(2) 孤立無(   ) : 고립되어 구원을 받을 데가 없음

(3) 生不(   )死 : 살아 있음이 차라리 죽는 것만 못하다는 뜻. 몹시 어려운
                          형편에 빠져 있다는 말

⑧ 다음 漢字의 部首로 맞는 것을 골라 그 番號를 쓰세요.

(1) 圓 – (① 口 ② 八 ③ 員 ④ 貝)

(2) 謠 – (① 言 ② 夕 ③ 缶 ④ 山)

(3) 容 – (① 口 ② 入 ③ 宀 ④ 八)

(4) 郵 – (① 垂 ② 阝 ③ 重 ④ 丿)

⑨ 다음 漢字와 소리는 같으나 뜻이 다른 漢字語를 쓰세요.

例   山水 – (算數)

(1) 郵便 – (   )   (2) 怨望 – (   )

(3) 待遇 – (   )   (4) 救援 – (   )

⑩ 다음 漢字의 略字(획수를 줄인 漢字)를 쓰세요.

(1) 發 – (   )   (2) 龍 – (   )

(3) 當 – (   )   (4) 讀 – (   )

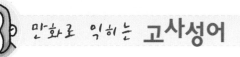
朝 아침 조 三 석 삼 暮 저물 모 四 넉 사

朝三暮四는 아침에 세 개 저녁에 네 개라는 뜻으로 간사한 꾀로 남을 속이는 경우에 쓰이는 성어이다.

송나라에 저공이라는 사람이
원숭이를 기르며 살고 있었다.

원숭이의 수가 많아
져서 먹이를 주는 일이
힘들어지는군.
먹이를 줄여야겠다.

도토리를 아침에(朝)
세 개(三) 저녁에(暮)
네 개를(四) 주겠다.

안돼   안돼   우와

원숭이들은 매우 화를 내었다.

그럼 아침에 네 개,
저녁에 세 개를
주겠다.

하니 원숭이들은 매우 기뻐
하였다.

하하하.

✎ 아래의 풀이에 알맞은 한자를 쓰세요.

①					② 民					
③				④						⑤ 禮
							⑥			
來	⑦									
		⑧			⑨				⑩	
					助			⑪		

▶ 가로 열쇠

③ 지나간 해, 곧 과거
④ 농부들이 농사를 지으며 부르는 속요
⑥ 포부나 재능은 있으나 좋은 때를 만나지 못하다
⑦ 우편으로 보내는 것
⑧ 고립되어 구원을 받을 데가 없음
⑪ 사물이 비롯되는 본바탕, 원류

▼ 세로 열쇠

① 말이 오고가는 것
② 민중들 사이에서 불리는 전통적인 노래의 총칭
⑤ 예의를 지켜 정중히 대하는 것
⑦ 서신 및 기타의 물품을 전국, 전세계에 송달하는 업무
⑨ 구하여 돕는 것
⑩ 어떤 말이 생겨난 근원

	危	위태할 위		委	맡길 위
	威	위엄 위		爲	하 할 위
	圍	에워쌀 위		慰	위로할 위
	衛	지킬 위		乳	젖 유
	遊	놀 유		遺	남길 유
	儒	선비 유		肉	고기 육
	恩	은혜 은		隱	숨을 은
	陰	그늘 음		應	응할 응

✏️ 다음 한자의 훈음을 알아 보고 빈 칸에 알맞게 쓰세요.

훈 위태할　음 위

사람이 갈라진 벼랑 위에 꿇어앉아 있는 모양을 나타낸 글자로 **'위태롭다'**를 뜻한다.

훈 맡길　음 위

禾와 女가 합쳐진 것으로, 벼가 익어 고개를 숙인 모습을 나타내었다. 뒤에 **'맡기다'**를 뜻하게 되었다.

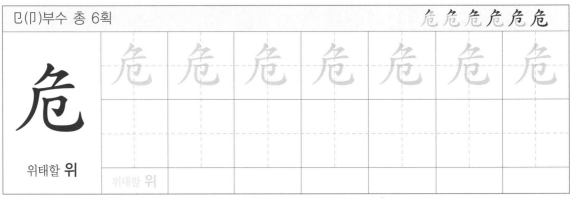

卩(㔾)부수 총 6획

危危危危危危

危

위태할 **위**

위태할 **위**

사자성어 : 安居危思(안거위사) – 편안할 때에 어려운 일이 닥칠 것을 미리 대비해야 함. 危機一髮(위기일발) – 눈 앞에 닥친 위기의 순간.

상대반의어 : 安(편안 안)
유의어 : 殆(위태할 태), 險(위험할 험)

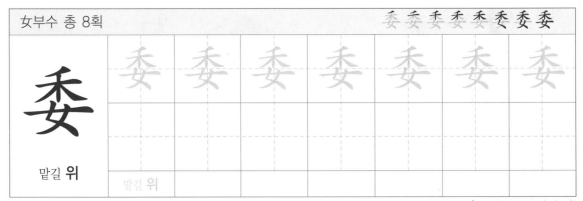

女부수 총 8획

委委委委委委委委

委

맡길 **위**

맡길 **위**

어휘 : 委員(위원) 委任狀(위임장)

유의어 : 任(맡길 임)

다음 한자의 훈음을 알아 보고 빈 칸에 알맞게 쓰세요.

威

훈 위엄   음 위

戊(도끼 월)과 女가 합쳐진 것으로, 도끼로 여자를 위협하는 모습에서 **'위엄, 두려워하다'** 등을 뜻한다.

爲

훈 하/할   음 위(:)

손을 뜻하는 爪(조)에 코끼리의 상형인 象(상)이 합쳐져, 손으로 코끼리를 길들인다는데서, **'하다, 만들다'** 등을 뜻한다.

女부수 총 9획　　　　威威威反反反威威威

威

위엄 **위**

어휘 : 威勢(위세) 威容(위용)
사자성어 : 威風堂堂(위풍당당) – 남을 압도할 만큼 풍채가 의젓하고 떳떳함.

爫(爪)부수 총 12획　　爲爲爲爲爲爲爲爲爲爲爲爲

爲

하
할 **위**

약자

为

어휘 : 作爲(작위) 爲人(위인)
사자성어 : 無爲徒食(무위도식) – 아무 하는 일도 없이 먹고 놀기만 함.

📝 다음 한자의 훈음을 알아 보고 빈 칸에 알맞게 쓰세요.

圍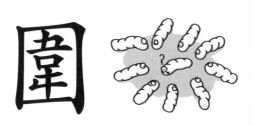

훈 에워쌀   음 위

두르다는 뜻의 囗와 에워싼다는 뜻의 韋(위)를 합친 글자로, 울을 두른다는데서 '**에워싸다, 둘레**' 등을 뜻한다.

慰

훈 위로할   음 위

尉(위)가 음부분, 心이 뜻부분이다. 마음을 따뜻하게 해 준다는데서, '**위로하다**'를 뜻한다.

囗부수 총 12획   圍 圍 圍 圍 圍 圍 圍 圍 圍 圍 圍 圍

圍	圍	圍	圍	圍	圍	圍	圍
에워쌀 **위**		에워쌀 위					약자 囲

▌어휘 : 範圍(범위) 包圍(포위) 周圍(주위)

心부수 총 15획   慰 慰 慰 慰 慰 慰 慰 慰 慰 慰 慰 慰

慰	慰	慰	慰	慰	慰	慰	慰
위로할 **위**		위로할 위					

▌어휘 : 慰勞(위로) 慰問(위문) 慰安(위안)

월   일   이름: 확인:

📎 다음 한자의 훈음을 알아 보고 빈 칸에 알맞게 쓰세요.

훈 지킬   음 위

行과 韋가 합쳐진 글자로 어떤 구역의 사방을
돌면서 '지킨다'를 뜻한다.

훈 젖   음 유

어머니가 젖먹이(子)를 손(爪:조)으로 껴안고
젖(乙)을 먹이는 모양에서 '젖, 젖을 먹이다'를
뜻한다.

行부수 총 15획	衛衛衛衛衛衛衛衛衛衛衛衛衛衛衛

衛

지킬 **위**

衛 衛 衛 衛 衛 衛 衛

지킬 위

어휘 : 守衛(수위) 衛星(위성)	유의어 : 護(보호할 호)

乙부수 총 8획	乳乳乳乳乳乳乳乳

乳

젖 **유**

乳 乳 乳 乳 乳 乳 乳

젖 유

어휘 : 乳母(유모) 粉乳(분유) 授乳(수유)

월   일   이름: 확인:

✏️ 다음 한자의 훈음을 알아 보고 빈 칸에 알맞게 쓰세요.

훈 놀   음 유

훈 남길   음 유

辵(쉬엄쉬엄갈 착)이 뜻부분, 斿(깃발 유)가 음부분이다. 어린 아이가 깃발을 들고 돌아다니며 논다는데서, '**놀다, 즐겁게 지내다**' 등을 뜻한다.

辵(쉬엄쉬엄갈 착)이 뜻부분, 貴(귀할 귀)가 음부분이다. 길을 가다가 귀중한 물건을 잃어버렸다는데서, '**남기다, 후세에 전하다**' 등을 뜻한다.

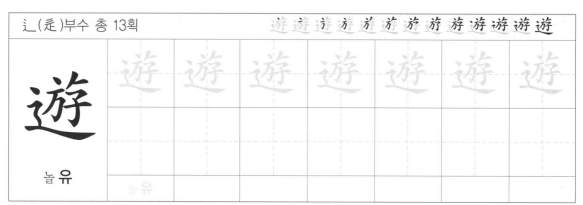

辶(辵)부수 총 13획   遊 遊 方 方 方 斿 斿 斿 斿 游 游 遊 遊

遊

놀 **유**

| 어휘 : 遊牧(유목) 遊說(유세) 遊覽(유람)

辶(辵)부수 총 16획   遺 遺 遺 遺 貴 甫 甫 甫 甫 甫 貴 貴 遺 遺 遺

遺

남길 **유**

| 어휘 : 遺物(유물) 遺言(유언) 遺産(유산)

✏️ 다음 한자의 훈음을 알아 보고 빈 칸에 알맞게 쓰세요.

훈 선비   음 유

人이 뜻부분, 需(구할 수)가 음부분이다. 원래는 기우제를 지내는 제관을 나타내었는데, 뒤에 '선비'라는 뜻으로 쓰이게 되었다.

훈 고기   음 육

잘라낸 동물의 고깃덩어리 모양을 그린 글자로, '고기, 살, 몸'을 뜻한다.

亻(人)부수 총 16획	儒儒儒儒儒儒儒儒儒儒儒儒儒儒儒儒

儒

선비 **유**

儒 儒 儒 儒 儒 儒 儒

선비 유

어휘 : 儒敎(유교) 儒林(유림)
사자성어 : 抑佛崇儒(억불숭유) – 불교를 억제하고 유교를 숭상함.

肉부수 총 6획	肉内内内肉肉

肉

고기 **육**

肉 肉 肉 肉 肉 肉 肉

고기 육

사자성어 : 苦肉之策(고육지책) – 제 몸을 괴롭히면서까지 짜내는 계책. | 유의어 : 身(몸 신)
　　　　　弱肉强食(약육강식) – 약한 것이 강한 것에게 먹힘.

다음 한자의 훈음을 알아 보고 빈 칸에 알맞게 쓰세요.

훈은혜   음은

因(인할 인)이 음부분, 心이 뜻부분이다. 진심으로 우러나온 고마운 마음이라는데서 '**은혜, 사랑하다**' 등을 뜻한다.

훈숨을   음은

阜(언덕 부)가 뜻부분, 㥯(삼갈 은)이 음부분이다. 사람이 언덕에 숨어 살아 간다는데서, '**숨기다, 가리다, 비밀로 하다**' 등을 뜻한다.

心부수 총 10획   恩恩恩恩恩恩恩恩恩恩

恩

은혜 은

恩	恩	恩	恩	恩	恩	恩
은혜 은						

어휘 : 恩師(은사) 報恩(보은)
사자성어 : 結草報恩(결초보은) – 죽어서까지라도 은혜를 잊지 않고 갚음.

모양이 비슷한 한자 : 思(생각 사)
상대반의어 : 怨(원망할 원)

阝(阜)부수 총 17획   隱隱隱隱隱隱隱隱隱隱隱

隱

숨을 은

隱	隱	隱	隱	隱	隱	隱
						약자
숨을 은						隱

어휘 : 隱士(은사) 隱密(은밀)

✏️ 다음 한자의 훈음을 알아 보고 빈 칸에 알맞게 쓰세요.

훈 그늘　음 음

언덕의 뜻인 阜(부)에 숲(그늘 음)을 합친 글자로, 언덕에 가려서 햇빛이 들지 않는 곳이라는 데서 '그늘'을 뜻한다.

훈 응할　음 응:

鷹(매 응)이 음부분, 心이 뜻부분이다. 사냥용 매가 주인의 마음에 따라 새를 잡는다는데서, '응하다'를 뜻한다.

ß(阜)부수 총 11획	陰陰陰陰陰陰陰陰陰陰陰

陰　陰　陰　陰　陰　陰　陰

陰

그늘 음

약자

陰

그늘 음

┃ 어휘 : 光陰(광음)　陰陽(음양)　　　　　　┃ 상대반의어 : 陽 (볕 양)

心부수 총 17획	應應广广庐庐庐庐庐庐雁雁雁應應應

應　應　應　應　應　應　應

應

응할 응

약자

応

응할 응

┃ 어휘 : 應當(응당)　應用(응용)
┃ 사자성어 : 因果應報(인과응보) – 과거 또는 전생의 선악의 인연에 따라서 뒷날의 길흉화복의 갚음을 받게 됨을 이르는 말.

| 월 | 일 | 이름 | 확인 |

① 다음 漢字語의 讀音을 쓰세요.

(1) 守衛　（　　　　）　　(2) 威容　（　　　　）

(3) 危重　（　　　　）　　(4) 範圍　（　　　　）

(5) 安危　（　　　　）　　(6) 慰問　（　　　　）

(7) 委員　（　　　　）　　(8) 乳母　（　　　　）

(9) 報恩　（　　　　）　　(10) 威勢　（　　　　）

(11) 陰散　（　　　　）　　(12) 危急　（　　　　）

(13) 慰勞　（　　　　）　　(14) 陰陽　（　　　　）

(15) 遊說　（　　　　）　　(16) 遺物　（　　　　）

(17) 營爲　（　　　　）　　(18) 遺産　（　　　　）

(19) 圍立　（　　　　）　　(20) 肉親　（　　　　）

(21) 危機　（　　　　）　　(22) 應援　（　　　　）

(23) 陰凶　（　　　　）　　(24) 委任　（　　　　）

(25) 威信　（　　　　）　　(26) 慰安　（　　　　）

② 다음 漢字의 訓과 音을 쓰세요.

(1) 危　（　　　　）　　(2) 恩　（　　　　）

(3) 應　（　　　　）　　(4) 爲　（　　　　）

(5) 隱　（　　　　）　　(6) 慰　（　　　　）

(7) 衛　（　　　　）　　(8) 乳　（　　　　）

(9) 委　（　　　　）　　(10) 遺　（　　　　）

③ 다음 漢字語를 漢字로 쓰세요.

(1) 유목(일정한 땅에 정주하지 않고 소나 양 등의 가축을 물과 풀밭을 찾아 옮겨
　　다니며 기르는 목축 형태)

(2) 응시(시험에 응하는 것)

(3) 방위(적의 공격을 막아서 지키는 것)

(4) 은사(가르침의 은혜를 베풀어 준 스승)

(5) 위임(어떤 일을 지워 맡기는 것)

(6) 위급(상황이 위태롭고 급박하다)

(7) 유생(유학을 공부하는 선비)

(8) 범위(제한된 구역의 언저리, 또는 어떤 것이 미치는 한계)

(9) 육친(조부모, 부모, 형제 따위와 같이 혈족 관계가 있는 사람)

(10) 은거(사회적 활동을 기피하여 숨어 사는 것)

❹ 다음 訓과 音에 맞는 漢字를 쓰세요.

(1) 선비 유   (   )   (2) 에워쌀 위   (   )

(3) 위엄 위   (   )   (4) 그늘 음   (   )

(5) 고기 육   (   )   (6) 놀 유   (   )

❺ 다음에 例示한 漢字語 중에서 앞 글자가 長音으로 發音되는 것을 골라 그 番號를 쓰세요.

(1) ① 牛乳 ② 隱居 ③ 假說 ④ 陰散

(2) ① 恩師 ② 儒林 ③ 應當 ④ 遊說

(3) ① 筋肉 ② 報恩 ③ 遊星 ④ 慰勞

(4) ① 威力 ② 危機 ③ 衛星 ④ 應援

❻ 다음 漢字와 뜻이 상대 또는 반대되는 漢字를 써서 漢字語를 만드세요.

> 例   江 - (山)

(1) 安 - (   )   (2) (   ) - 怨

(3) 陰 - (   )   (4) (   ) - 白

❼ 다음 漢字와 뜻이 비슷한 漢字를 써서 漢字語를 만드세요.

例　　河 – (川)

(1) (　　　　) – 身　　　　　　(2) (　　　　) – 着

(3) 考 – (　　　　)　　　　　　(4) 境 – (　　　　)

❽ 다음 漢字語의 (　　) 속에 알맞은 漢字를 쓰세요.

例　見(物)生心 : 실물을 보면 욕심이 생김

(1) 安居(　　　)思 : 편안할 때에 어려움이 닥칠 것을 미리 대비해야 함

(2) 無(　　　)徒食 : 아무 하는 일도 없이 먹고 놀기만 함

(3) 結草報(　　　) : 죽어서까지라도 은혜를 잊지 않고 갚음

(4) 弱(　　　)强食 : 약한 것이 강한 것에게 먹힘

❾ 다음 漢字의 部首로 맞는 것을 골라 그 番號를 쓰세요.

(1) 乳 – (① 爫　② 孒　③ 子　④ 乚)

(2) 威 – (① 戈　② 女　③ 厂　④ 一)

(3) 衛 – (① 彳　② 韋　③ 行　④ 偉)

(4) 爲 – (① 爲　② 鳥　③ 灬　④ 爫)

❿ 다음 漢字와 소리는 같으나 뜻이 다른 漢字語를 쓰세요.

例　山水 – (算數)

(1) 爲國 – (　　　　)　　　　　(2) 爲人 – (　　　　)

(3) 自慰 – (　　　　)　　　　　(4) 遊說 – (　　　　)

⓫ 다음 漢字의 略字(획수를 줄인 漢字)를 쓰세요.

(1) 圍 – (　　　　)　　　　　　(2) 應 – (　　　　)

(3) 寶 – (　　　　)　　　　　　(4) 變 – (　　　　)

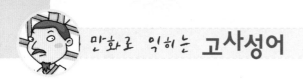

指 가리킬 지 鹿 사슴 록 爲 할 위 馬 말 마

指鹿爲馬는 사슴을 가리켜 말이라고 우기다는 뜻으로 윗사람을 농락하고 아랫사람을 겁주어 권세를 휘두르는 것을 뜻하는 성어이다.

퍼즐로 한자를

아래의 풀이에 알맞은 한자를 쓰세요.

①		② 思			③ 風					
		機								
		一							④ 人	
									工	
		⑤ 因		⑥			⑦			
⑧ 無	⑨							⑩		
		⑪ 弱				食				

▶ **가로 열쇠**

① 편안할 때에 어려움이 닥칠 것을 미리 대비해야 함
③ 남을 압도할 만큼 위풍이 대단하다
⑤ 전세와 현세와 내세의 행불행이 서로 연관지어 생기는 것
⑦ 적의 공격을 막아서 지키는 것
⑧ 아무 하는 일도 없이 먹고 놀기만 함
⑪ 약한 것이 강한 것에게 먹힘

▼ **세로 열쇠**

② 눈 앞에 닥친 위기의 순간을 이르는 말
③ 위엄찬 모습이나 모양
④ 로켓에 의해 쏘아 올려져 지구의 주위를 공전하는 인공 물체
⑥ 시험에 응하는 것
⑨ 사람의 됨됨이
⑩ 일정 기간 음식을 먹지 않음

106

4급 ③과정

부록

5급(200자) 신출한자를 복습합니다.
4급 4급Ⅱ 시험의 쓰기 범위가 되니
능숙하게 쓸 수 있도록 연습하세요.

💿 빈 칸에 한자를 쓰면서 익혀 보세요.

加	加			
더할 가	加工(가공) 加重(가중)			
力 – 총 5획				

價	價			
값 가	定價(정가) 物價(물가)			
亻(人) – 총 15획	약자: 価			

可	可			
옳을 가	可能(가능) 可決(가결)			
口 – 총 5획				

改	改			
고칠 개	改正(개정) 改善(개선)			
攵(攴) – 총 7획				

客	客			
손 객	客室(객실) 客席(객석)			
宀 – 총 9획	상대반의어 : 主(주인 주)			

去	去			
갈 거	過去(과거) 去來(거래)			
厶 – 총 5획	상대반의어 : 來(올 래) 유의어 : 過(지날 과)			

舉	舉			
들 거	舉國(거국) 舉動(거동)			
手 – 총 18획	약자: 挙			

件	件			
물건 건	事件(사건) 物件(물건)			
亻(人) – 총 6획				

建	建			
세울 건	建國(건국) 建物(건물)			
廴 – 총 9획				

健	健			
굳셀 건	健實(건실) 健全(건전)			
亻(人) – 총 11획				

格	格			
격식 격	格式(격식) 格言(격언)			
木 – 총 10획				

見	見			
볼 견/뵈올 현	先見之明(선견지명) 見物生心(견물생심)			
見 – 총 7획	유의어 : 觀(볼 관) 示(보일 시) 視(볼 시)			

📝 빈 칸에 한자를 쓰면서 익혀 보세요.

決	決			
결단할 결	決定(결정) 決算(결산)			
氵(水) – 총 7획				

結	結			
맺을 결	結末(결말) 結果(결과)			
糸 – 총 12획				

景	景			
볕 경	景觀(경관) 景致(경치)			
日 – 총 12획				

敬	敬			
공경 경	敬禮(경례) 敬老孝親(경로효친)			
攵(攴) – 총 13획				

輕	輕			
가벼울 경	輕量(경량) 輕重(경중)			
車 – 총 14획	약자 : 軽 상대반의어 : 重(무거울 중)			

競	競			
다툴 경	競爭(경쟁) 競技(경기)			
立 – 총 20획	유의어 : 爭(다툴 쟁) 戰(싸움 전)			

固	固			
굳을 고	固定(고정) 固有(고유)			
口 – 총 8획	유의어 : 堅(굳을 견)			

告	告			
고할 고	告發(고발) 廣告(광고)			
口 – 총 7획	유의어 : 報(알릴 보)			

考	考			
생각할 고	再考(재고) 思考(사고)			
耂(老) – 총 6획	유의어 : 思(생각 사) 慮(생각할 려)			

曲	曲			
굽을 곡	曲直(곡직) 歌曲(가곡)			
日 – 총 6획	상대반의어 : 直(곧을 직)			

課	課			
공부할/과정 과	日課(일과) 課外(과외)			
言 – 총 15획				

過	過			
지날 과	過去(과거) 過速(과속)			
辶(辵) – 총 13획	상대반의어 : 功(공 공) 유의어 : 去(갈 거) 失(잃을 실)			

🖊 빈 칸에 한자를 쓰면서 익혀 보세요.

觀	觀			
볼 관	觀望(관망) 觀念(관념)			
見 – 총 25획	유의어 : 見(볼 견) 示(보일 시) 약자: 観			

關	關			
관계할 관	關心(관심) 關門(관문)			
門 – 총 19획	약자: 関			

廣	廣			
넓을 광	廣大(광대) 廣場(광장)			
广 – 총 15획	약자: 広			

橋	橋			
다리 교	大橋(대교) 陸橋(육교)			
木 – 총 16획				

具	具			
갖출 구	具現(구현) 道具(도구)			
八 – 총 8획	유의어 : 備(갖출 비)			

救	救			
구원할 구	救國(구국) 救急車(구급차)			
攵(攴)– 총 11획	유의어 : 濟(구제할 제)			

舊	舊			
예 구	舊式(구식) 親舊(친구)			
臼 – 총 18획	상대반의어:新(새 신) 유의어:古(예 고) 약자:旧			

局	局			
판 국	局面(국면) 電話局(전화국)			
尸 – 총 7획				

貴	貴			
귀할 귀	貴重(귀중) 貴下(귀하)			
貝 – 총 12획				

規	規			
법 규	規格(규격) 法規(법규)			
見 – 총 11획	유의어 : 法(법 법) 則(법칙 칙) 式(법식 식)			

給	給			
줄 급	自給(자급) 給食(급식)			
糸 – 총 12획				

基	基			
터 기	基本(기본) 基金(기금)			
土 – 총 11획				

💡 빈 칸에 한자를 쓰면서 익혀 보세요.

期			
기약할 기	期間(기간) 思春期(사춘기)		
月 - 총 12획			

技			
재주 기	球技(구기) 特技(특기)		
扌(手) - 총 7획	유의어 : 術(재주 술) 藝(재주 예)		

己			
몸 기	自己(자기) 知己(지기)		
己 - 총 3획			

汽			
물끓는김 기	汽船(기선) 汽車(기차)		
氵(水) - 총 7획			

吉			
길할 길	吉日(길일) 立春大吉(입춘대길)		
口 - 총 6획	상대반의어 : 凶(흉할 흉)		

念			
생각 념	通念(통념) 念願(염원)		
心 - 총 8획	유의어 : 思(생각 사) 考(생각할 고)		

能			
능할 능	萬能(만능) 能力(능력)		
月(肉) - 총 10획			

團			
둥글 단	集團(집단) 團結(단결)		
口 - 총 14획	약자 : 団		

壇			
단 단	敎壇(교단) 花壇(화단)		
土 - 총 16획			

談			
말씀 담	面談(면담) 談話(담화)		
言 - 총 15획	유의어 : 語(말씀 어) 話(말씀 화) 說(말씀 설)		

當			
마땅 당	當然(당연) 當事者(당사자)		
田 - 총 13획	상대반의어 : 落(떨어질 락) 약자 : 当		

德			
큰 덕	道德(도덕) 德談(덕담)		
彳 - 총 15획			

월   일 이름: 확인:

💿 빈 칸에 한자를 쓰면서 익혀 보세요.

到				
이를 도	到着(도착) 到來(도래)			
ㅣ(刀) - 총 8획	유의어 : 着(붙을 착) 達(통달할 달)			

島				
섬 도	半島(반도) 三多島(삼다도)			
山 - 총 10획				

都				
도읍 도	都市(도시) 都邑(도읍)			
ß(邑) - 총 12획				

獨				
홀로 독	獨立(독립) 獨島(독도)			
ß(犬) - 총 16획	유의어 : 孤(외로울 고) 약자 : 独			

落				
떨어질 락	落葉(낙엽) 落心(낙심)			
⧾(艸) - 총 13획	상대반의어 : 當(마땅 당)			

朗				
밝을 랑	朗讀(낭독) 明朗(명랑)			
月 - 총 11획				

冷				
찰 랭	冷情(냉정) 冷冷(냉랭)			
冫 - 총 7획	상대반의어 : 熱(더울 열) 溫(따뜻할 온) 유의어 : 寒(찰 한)			

良				
어질 량	良好(양호) 善良(선량)			
艮 - 총 7획				

量				
헤아릴 량	計量(계량) 重量(중량)			
里 - 총 12획	유의어 : 料(헤아릴 료)			

旅				
나그네 려	旅費(여비) 旅行(여행)			
方 - 총 10획				

歷				
지날 력	歷代(역대) 來歷(내력)			
止 - 총 16획				

練				
익힐 련	訓練(훈련) 練習(연습)			
糸 - 총 15획	유의어 : 習(익힐 습)			

📝 빈 칸에 한자를 쓰면서 익혀 보세요.

令					
하여금 령	令夫人(영부인) 命令(명령)				
人 – 총 5획					

領					
거느릴 령	領土(영토) 領海(영해)				
頁 – 총 14획					

勞					
일할 로	勞苦(노고) 勞動(노동)				
力 – 총 12획	상대반의어 : 使(부릴 사)				

料					
헤아릴 료	料理(요리) 料金(요금)				
斗 – 총 10획	유의어 : 量(헤아릴 량)				

流					
흐를 류	流行(유행) 落花流水(낙화유수)				
氵(水) – 총 10획					

類					
무리 류	種類(종류) 分類(분류)				
頁 – 총 19획					

陸					
뭍 륙	陸軍(육군) 陸地(육지)				
阝(阜) – 총 11획	상대반의어 : 海(바다 해)				

馬					
말 마	馬夫(마부) 競馬場(경마장)				
馬 – 총 10획					

末					
끝 말	末期(말기) 年末(연말)				
木 – 총 5획	상대반의어 : 始(비로소시) 初(처음초) 유의어 : 終(마칠종) 후(마칠졸)				

亡					
망할 망	亡身(망신) 亡命(망명)				
亠 – 총 3획					

望					
바랄 망	望月(망월) 所望(소망)				
月 – 총 11획	유의어 : 希(바랄 희)				

買					
살 매	買入(매입) 賣買(매매)				
貝 – 총 12획	상대반의어 : 賣(팔 매)				

🔖 빈 칸에 한자를 쓰면서 익혀 보세요.

賣	賣			
팔 매	賣出(매출) 賣國(매국)			
貝 – 총 15획	상대반의어 : 買(살 매)			

無	無			
없을 무	無用之物(무용지물) 無能力(무능력)			
灬(火) – 총 12획	상대반의어 : 有(있을 유)			

倍	倍			
곱 배	十倍(십배) 倍數(배수)			
亻(人) – 총 10획				

法	法			
법 법	法學(법학) 法規(법규)			
氵(水) – 총 8획	유의어 : 則(법칙 칙) 規(법 규) 式(법 식)			

變	變			
변할 변	變色(변색) 變德(변덕)			
言 – 총 23획	약자 : 変			

兵	兵			
병사 병	兵法(병법) 兵力(병력)			
八 – 총 7획	유의어 : 卒(병사/마칠 졸)			

福	福			
복 복	福利(복리) 福音(복음)			
示 – 총 14획				

奉	奉			
받들 봉	信奉(신봉) 奉仕(봉사)			
大 – 총 8획				

比	比			
견줄 비	對比(대비) 比例(비례)			
比 – 총 4획				

費	費			
쓸 비	學費(학비) 消費(소비)			
貝 – 총 12획				

鼻	鼻			
코 비	耳目口鼻(이목구비) 鼻音(비음)			
鼻 – 총 14획				

氷	氷			
얼음 빙	氷水(빙수) 氷山(빙산)			
水 – 총 5획	모양이 비슷한 한자 : 水(물 수) 永(길 영)			

🔵 빈 칸에 한자를 쓰면서 익혀 보세요.

士				
선비 사	兵士(병사) 名士(명사)			
士 – 총 3획	모양이 비슷한 한자 : 土(흙 토)			

仕				
섬길 사	出仕(출사) 奉仕(봉사)			
亻(人) – 총 5획	모양이 비슷한 한자 : 任(맡길 임)			

史				
사기 사	歷史(역사) 史書(사서)			
口 – 총 5획				

查				
조사할 사	査定(사정) 考査(고사)			
木 – 총 9획				

思				
생각 사	意思(의사) 思想(사상)			
心 – 총 9획	유의어 : 考(생각할 고) 慮(생각할 려) 想(생각 상)			

寫				
베낄 사	寫生畫(사생화) 寫本(사본)			
宀 – 총 15획	약자 : 写			

産				
낳을 산	産母(산모) 生産地(생산지)			
生 – 총 11획	유의어 : 生(날 생)			

相				
서로 상	相通(상통) 教學相長(교학상장)			
目 – 총 9획				

商				
장사 상	商人(상인) 商船(상선)			
口 – 총 11획				

賞				
상줄 상	賞金(상금) 入賞(입상)			
貝 – 총 15획	상대반의어 : 罰(벌 벌)			

序				
차례 서	序文(서문) 序曲(서곡)			
广 – 총 7획	유의어 : 番(차례 번)			

仙				
신선 선	仙女(선녀) 神仙(신선)			
亻(人) – 총 5획				

📝 빈 칸에 한자를 쓰면서 익혀 보세요.

船				
배 선	船長(선장) 漁船(어선)
舟 – 총 11획	

善				
착할 선	親善(친선) 善心(선심)
口 – 총 12획	상대반의어 : 惡(악할 악)

選				
가릴 선	選出(선출) 選手(선수)
辶(辵) – 총 16획	유의어 : 擇(가릴 택)

鮮				
고울 선	鮮明(선명) 新鮮(신선)
魚 – 총 17획	

說				
말씀 설/달랠 세/기쁠 열	說明(설명) 說客(세객)
言 – 총 14획	유의어 : 話(말씀 화) 談(말씀 담) 語(말씀 어)

性				
성품 성	天性(천성) 性格(성격)
忄(心) – 총 8획	

洗				
씻을 세	洗禮(세례) 洗面(세면)
氵(水) – 총 9획	

歲				
해 세	歲月(세월) 歲入(세입)
止 – 총 13획	유의어 : 年(해 년)

束				
묶을 속	結束(결속) 約束(약속)
木 – 총 7획	모양이 비슷한 한자 : 東(동녘 동)

首				
머리 수	首相(수상) 首都(수도)
首 – 총 9획	유의어 : 頭(머리 두)

宿				
잘 숙/별자리 수	宿命(숙명) 宿所(숙소)
宀 – 총 11획	유의어 : 眠(잠잘 면)

順				
순할 순	順理(순리) 順産(순산)
頁 – 총 12획	상대반의어 : 逆(거스릴 역)

🖐 빈 칸에 한자를 쓰면서 익혀 보세요.

示			
보일 시	訓示(훈시) 告示(고시)		
示 – 총 5획	유의어 : 見(볼 견) 觀(볼 관)		

識			
알 식/기록할 지	識別(식별) 一字無識(일자무식)		
言 – 총 19획	유의어 : 知(알 지) 認(알 인)		

臣			
신하 신	臣下(신하) 功臣(공신)		
臣 – 총 6획	상대반의어 : 君(임금 군)		

實			
열매 실	實名(실명) 實用(실용)		
宀 – 총 14획	유의어: 果(실과 과) 약자 : 実		

兒			
아이 아	兒女子(아녀자) 小兒(소아)		
儿 – 총 8획	유의어 : 童(아이 동) 약자 : 児		

惡			
악할 악/미워할 오	惡人(악인) 惡名(악명)		
心 – 총 12획	상대반의어 : 善(착할 선) 약자 : 悪		

案			
책상 안	案件(안건) 考案(고안)		
木 – 총 10획			

約			
맺을 약	約定(약정) 約分(약분)		
糸 – 총 9획			

養			
기를 양	養老(양로) 養子(양자)		
食 – 총 15획	유의어 : 育(기를 육)		

魚			
고기/물고기 어	魚類(어류) 水魚之交(수어지교)		
魚 – 총 11획			

漁			
고기잡을 어	漁夫之利(어부지리) 漁場(어장)		
氵(水) – 총 14획			

億			
억 억	一億(일억) 億萬長者(억만장자)		
亻(人) – 총 15획			

📝 빈 칸에 한자를 쓰면서 익혀 보세요.

熱	熱			
더울 열	熱氣(열기) 熱心(열심)			
灬(火) - 총 15획	상대반의어 : 冷(찰 랭) 寒(찰 한) 유의어 : 溫(따뜻할 온)			

葉	葉			
잎 엽	葉書(엽서) 中葉(중엽)			
⺿(艸) - 총 13획				

屋	屋			
집 옥	家屋(가옥) 屋上(옥상)			
尸 - 총 9획	유의어 : 家(집 가) 室(집 실) 宅(집 택/댁)			

完	完			
완전할 완	完結(완결) 完勝(완승)			
⼧ - 총 7획	유의어 : 全(온전 전)			

要	要			
요긴할 요	重要(중요) 要領(요령)			
襾 - 총 9획				

曜	曜			
빛날 요	曜日(요일) 月曜病(월요병)			
日 - 총 18획				

浴	浴			
목욕할 욕	浴室(욕실) 日光浴(일광욕)			
氵(水) - 총 10획	모양이 비슷한 한자 : 俗(속세 속)			

牛	牛			
소 우	牛車(우차) 牛馬(우마)			
牛 - 총 4획	모양이 비슷한 한자 : 午(낮 오)			

友	友			
벗 우	交友以信(교우이신) 學友(학우)			
又 - 총 4획				

雨	雨			
비 우	雨期(우기) 雨天(우천)			
雨 - 총 8획				

雲	雲			
구름 운	雲集(운집) 青雲(청운)			
雨 - 총 12획				

雄	雄			
수컷 웅	雄大(웅대) 英雄(영웅)			
隹 - 총 12획				

월   일 이름: 확인:

✏️ 빈 칸에 한자를 쓰면서 익혀 보세요.

元
으뜸 원   元老(원로) 元首(원수)
儿 – 총 4획

原
언덕 원   原理(원리) 原書(원서)
厂 – 총 10획

位
자리 위   上位(상위) 方位(방위)
亻(人) – 총 7획

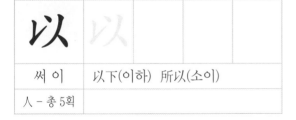

以
써 이   以下(이하) 所以(소이)
人 – 총 5획

因
인할 인   原因(원인) 因襲(인습)
口 – 총 6획   상대반의어 : 果(실과 과)

材
재목 재   材料(재료) 教材(교재)
木 – 총 7획

院
집 원   院長(원장) 大學院(대학원)
阝(阜) – 총 10획

願
원할 원   願書(원서) 念願(염원)
頁 – 총 19획

偉
클 위   偉大(위대) 偉人(위인)
亻(人) – 총 11획   유의어 : 大(큰 대)

耳
귀 이   耳順(이순) 耳目口鼻(이목구비)
耳 – 총 6획

任
맡길 임   任期(임기) 任意(임의)
亻(人) – 총 6획   유의어 : 委(맡길 위)

財
재물 재   財物(재물) 財産(재산)
貝 – 총 10획   유의어 : 貨(재물 화)

월   일 이름: 확인:

💡 빈 칸에 한자를 쓰면서 익혀 보세요.

再				
두 재	再考(재고) 再建(재건)			
冂 – 총 6획				

災				
재앙 재	火災(화재) 天災地變(천재지변)			
火 – 총 7획				

爭				
다툴 쟁	戰爭(전쟁) 競爭(경쟁)			
爫(爪) – 총 8획	유의어 : 競(다툴 경) 약자 : 争			

貯				
쌓을 저	貯金(저금) 貯水(저수)			
貝 – 총 12획	유의어 : 蓄(모을 축)			

赤				
붉을 적	赤色(적색) 赤旗(적기)			
赤 – 총 7획	상대반의어 : 靑(푸를 청)			

的				
과녁 적	的中(적중) 公的(공적)			
白 – 총 8획				

典				
법 전	古典(고전) 法典(법전)			
八 – 총 8획	유의어 : 法(법 법)			

展				
펼 전	展望(전망) 發展(발전)			
尸 – 총 10획				

傳				
전할 전	口傳(구전) 傳說(전설)			
亻(人) – 총 13획	약자 : 伝			

切				
끊을 절/온통 체	切感(절감) 一切(일체)			
刀 – 총 4획				

節				
마디 절	節約(절약) 節電(절전)			
竹 – 총 15획				

店				
가게 점	本店(본점) 書店(서점)			
广 – 총 8획				

📝 빈 칸에 한자를 쓰면서 익혀 보세요.

停		
머무를 정	停年(정년) 停學(정학)	
亻(人) - 총 11획	유의어 : 止(그칠 지) 留(머무를 류)	

情		
뜻 정	情景(정경) 多情多感(다정다감)	
忄(心) - 총 11획		

調		
고를 조	曲調(곡조) 調査(조사)	
言 - 총 15획	유의어 : 和(화할 화)	

操		
잡을 조	操作(조작) 操心(조심)	
扌(手) - 총 16획		

卒		
마칠 졸	卒業(졸업) 卒兵(졸병)	
十 - 총 8획	상대반의어 : 始(비로소 시) 初(처음 초) 유의어 : 終(마칠 종) 末(끝 말)	

終		
마칠 종	終結(종결) 始終(시종)	
糸 - 총 11획	상대반의어 : 始(비로소 시) 初(처음 초) 유의어 : 卒(마칠 졸) 末(끝 말)	

種		
씨 종	種類(종류) 種族(종족)	
禾 - 총 14획		

罪		
허물 죄	罪人(죄인) 罪惡(죄악)	
罒(网) - 총 13획		

州		
고을 주	光州(광주) 州郡(주군)	
巛 - 총 6획	유의어 : 邑(고을 읍)	

週		
주일 주	週末(주말) 每週(매주)	
辶(辵) - 총 12획		

止		
그칠 지	中止(중지) 停止(정지)	
止 - 총 4획	유의어 : 停(머무를 정)	

知		
알 지	不問可知(불문가지) 感知(감지)	
矢 - 총 8획	유의어 : 識(알 식)	

📝 빈 칸에 한자를 쓰면서 익혀 보세요.

質   바탕 질   質量(질량) 人質(인질)
貝 – 총 15획

着   붙을 착   到着(도착) 着席(착석)
目 – 총 12획   상대반의어 : 發(필 발)

參   참여할 참/석 삼   參席(참석) 參戰(참전)
ム – 총 11획   유의어 : 與(더불 여) 약자 : 参

唱   부를 창   唱歌(창가) 獨唱(독창)
口 – 총 11획

責   꾸짖을 책   責任(책임) 責望(책망)
貝 – 총 11획

鐵   쇠 철   鐵橋(철교) 鐵道(철도)
金 – 총 21획   유의어 : 金(쇠 금) 약자 : 鉄

初   처음 초   初志一貫(초지일관) 初面(초면)
刀 – 총 7획   상대반의어 : 末(끝 말) 終(마칠 종) 卒(마칠 졸) 유의어 : 始(비로소 시)

最   가장 최   最高(최고) 最善(최선)
日 – 총 12획

祝   빌 축   祝福(축복) 祝典(축전)
示 – 총 10획

充   채울 충   充足(충족) 充實(충실)
儿 – 총 6획

致   이를 치   景致(경치) 一致(일치)
至 – 총 10획

則   법칙 칙/곧 즉   規則(규칙) 鐵則(철칙)
刂(刀) – 총 9획

📝 빈 칸에 한자를 쓰면서 익혀 보세요.

他	他		
다를 타	他山之石(타산지석) 出他(출타)		
亻(人) – 총 5획	상대반의어 : 自(스스로 자)		

打	打		
칠 타	利害打算(이해타산) 打令(타령)		
扌(手) – 총 5획	유의어 : 擊(칠 격)		

卓	卓		
높을 탁	卓見(탁견) 食卓(식탁)		
十 – 총 8획			

炭	炭		
숯 탄	石炭(석탄) 炭水化物(탄수화물)		
火 – 총 9획			

宅	宅		
집 택/댁	自宅(자택) 家宅(가택)		
宀 – 총 6획	유의어 : 家(집 가) 屋(집 옥) 室(집 실)		

板	板		
널 판	木板(목판) 氷板(빙판)		
木 – 총 8획			

敗	敗		
패할 패	勝敗(승패) 敗家亡身(패가망신)		
攵(攴) – 총11획	상대반의어 : 勝(이길 승) 成(이룰 성)		

品	品		
물건 품	品格(품격) 品質(품질)		
口 – 총 9획	유의어 : 物(물건 물) 件(물건 건)		

必	必		
반드시 필	必要(필요) 必勝(필승)		
心 – 총 5획			

筆	筆		
붓 필	自筆(자필) 筆談(필담)		
竹 – 총 12획			

河	河		
물 하	河川(하천) 氷河(빙하)		
氵(水) – 총 8획	유의어 : 江(강 강) 川(내 천)		

寒	寒		
찰 한	三寒四溫(삼한사온) 寒冷(한랭)		
宀 – 총 12획	상대반의어 : 熱(더울 열) 溫(따뜻할 온) 유의어 : 冷(찰 랭)		

📝 빈 칸에 한자를 쓰면서 익혀 보세요.

害	害		
해할 해	害惡(해악) 利害(이해)		
宀 – 총 10획	상대반의어 : 利(이로울 리)		

許	許		
허락할 허	許可(허가) 特許(특허)		
言 – 총 11획			

湖	湖		
호수 호	湖水(호수) 江湖(강호)		
氵(水) – 총 12획			

化	化		
될 화	敎化(교화) 化合(화합)		
匕 – 총 4획			

患	患		
근심 환	後患(후환) 患者(환자)		
心 – 총 11획			

效	效		
본받을 효	無效(무효) 效用(효용)		
攵(攴) – 총 10획			

凶	凶		
흉할 흉	吉凶(길흉) 凶年(흉년)		
凵 – 총 4획	상대반의어 : 吉(길할 길)		

黑	黑		
검을 흑	黑白(흑백) 黑心(흑심)		
黑 – 총 12획	상대반의어 : 白(흰 백)		

기출 및 예상문제 해답

제 1회 기출 및 예상 문제 (16p~18p)

❶ (1) 상념　(2) 성문　(3) 세부　(4) 독설
　(5) 선교　(6) 상해　(7) 신설　(8) 유성
　(9) 설비　(10) 발성　(11) 감상　(12) 선고
　(13) 성금　(14) 개성　(15) 성벽　(16) 설전
　(17) 성실　(18) 강성　(19) 효성　(20) 성군
　(21) 설계　(22) 설립　(23) 세밀　(24) 성행
　(25) 건설　(26) 부상　(27) 공상　(28) 대성
　(29) 성운　(30) 중상

❷ (1) 정성 성　(2) 다칠 상　(3) 재 성
　(4) 혀 설　(5) 가늘 세　(6) 별 성
　(7) 베풀 선　(8) 성할 성　(9) 성인 성
　(10) 생각 상

❸ (1) 毒舌　(2) 城壁　(3) 細密　(4) 誠金
　(5) 想念　(6) 設立　(7) 聖人　(8) 孝誠
　(9) 建設　(10) 重傷

❹ (1) ②　(2) ④　(3) ①　(4) ③

❺ (1) 婦　(2) 近　(3) 海　(4) 出

❻ (1) 思　(2) 想　(3) 聲　(4) 端

❼ (1) 奇　(2) 意　(3) 星　(4) 聖

❽ (1) ①　(2) ①　(3) ④　(4) ④

❾ (1) 感賞　(2) 成實　(3) 成人　(4) 重賞
　※이외에도 여러 가지 답이 가능합니다.

❿ (1) 어떤 목적에 필요한 건물, 기물, 장치
　　등을 갖추는 것
　(2) 말로 옳고 그름을 따져 싸우는 것
　(3) 정성스럽고 참되어 거짓이 없는 것
　(4) 마음 속에 느끼어 일어나는 생각

⓫ (1) 声　(2) 学　(3) 仮　(4) 団

★퍼즐로 한자를(20p)

	①空				②宣言	③文
奇	想	天	外		教	
				④流		
⑤口			⑥北	斗	七	星	⑦萬
舌	戰		⑧全				里
數			盛	行			長
			期			⑩不	夜	城

제 2회 기출 및 예상 문제 (28p~30p)

❶ (1) 송덕　(2) 세금　(3) 형세　(4) 부속
　(5) 청소　(6) 세력　(7) 방송　(8) 속어
　(9) 실세　(10) 납세　(11) 계속　(12) 속개
　(13) 실소　(14) 소복　(15) 손상　(16) 소질
　(17) 송가　(18) 권세　(19) 풍속도　(20) 활력소
　(21) 운송　(22) 담소　(23) 노송　(24) 손해
　(25) 소지　(26) 검소　(27) 민속　(28) 송금
　(29) 송림　(30) 금속

❷ (1) 세금 세　(2) 칭송할/기릴 송
　(3) 본디/흴 소　(4) 이을 속　(5) 쓸 소
　(6) 풍속 속　(7) 붙일 속　(8) 웃음 소
　(9) 형세 세　(10) 소나무 송

❸ (1) 勢力　(2) 送金　(3) 素服　(4) 頌歌
　(5) 民俗　(6) 淸掃　(7) 損失　(8) 續開
　(9) 部屬　(10) 老松

❹ (1) ①　(2) ②　(3) ③　(4) ④

❺ (1) 續　(2) 富　(3) 弟　(4) 罰

❻ (1) 繼, 連　(2) 朴　(3) 識

❼ (1) 俗　(2) 松　(3) 說　(4) 勢

❽ (1) ①　(2) ①　(3) ④　(4) ②　(5) ④　(6) ③

❾ (1) 所望　(2) 過歲　(3) 失勢　(4) 傳世
　※이외에도 여러 가지 답이 가능합니다.

❿ (1) 旧　(2) 対　(3) 竜　(4) 医

★퍼즐로 한자를(32p)

①課	税				③活 力	④素
	金					材
						⑨落
		⑥美	風 良	俗		落
				談		長
⑦損 益				⑧正	二 品 松
害		⑧放			
		送 別	⑩會		

제 3회 기출 및 예상 문제 (40p~42p)

❶ (1) 차창　(2) 도읍지　(3) 가로수　(4) 계단
　(5) 감각

❷ (6) 文化　(7) 始作　(8) 大都市　(9) 道路
(10) 國立　(11) 展示室 (12) 内部　(13) 現代的

❸ (1) 수병　(2) 추수　(3) 숙연　(4) 수업
(5) 수감　(6) 시비　(7) 당숙　(8) 승복
(9) 수세　(10) 필시　(11) 수재　(12) 청순
(13) 수강　(14) 숙청　(15) 수도　(16) 감수
(17) 보수　(18) 순결　(19) 수녀　(20) 숭고
(21) 전승　(22) 수려　(23) 수수　(24) 숭배
(25) 수령　(26) 전수

❹ (1) 순수할 순 (2) 거둘 수　(3) 이/옳을 시
(4) 받을 수　(5) 엄숙할 숙 (6) 줄 수
(7) 아재비 숙 (8) 닦을 수　(9) 이을 승
(10) 지킬 수

❺ (1) ③　(2) ④　(3) ①　(4) ③

❻ (1) 守, 防　(2) 受　(3) 是　(4) 可

❼ (1) 守　(2) 潔　(3) 高　(4) 繼

❽ (1) 守　(2) 非　(3) 是　(4) 修

❾ (1) ③　(2) ②　(3) ③　(4) ④

❿ (1) 숭엄하고 고상하다
(2) 나라와 나라 사이에 교제를 맺는 것
(3) 전하여 받아 계승하는 것
(4) 가을에 익은 곡식을 거두어 들이는 일

⓫ (1) 肅, 甫 (2) 惡　(3) 体　(4) 辺, 边

★퍼즐로 한자를(44p)

					崇	禮	門
①		保					
② 獨	守	空	房		高		
③ 同		外	叔	母		⑤ 傳	
門		父			⑥ 起	承	轉	結
⑦ 修	交						
學			⑨ 必				
		是	非	曲	直		

제 4회 기출 및 예상 문제 (52p~54p)

❶ (1) 시공　(2) 감시　(3) 시술　(4) 압권
(5) 실시　(6) 심해　(7) 시각　(8) 시집
(9) 안경　(10) 시설　(11) 암흑　(12) 명암

(13) 액화　(14) 시상　(15) 시계　(16) 액체
(17) 고시　(18) 동시　(19) 안약　(20) 성씨
(21) 시도　(22) 휴식　(23) 시약　(24) 신고
(25) 시금석　(26) 심화

❷ (1) 어두울 암　(2) 볼 시
(3) 누를/억누를 압　　(4) 시험 시
(5) 성씨 씨　(6) 쉴 식　(7) 진 액
(8) 깊을 심　(9) 눈 안　(10) 베풀 시

❸ (1) 休息　(2) 暗記　(3) 試圖　(4) 實施
(5) 重視　(6) 詩集　(7) 深化　(8) 詩想
(9) 無消息　(10) 施工

❹ (1) 施 (2) 氏 (3) 暗 (4) 試 (5) 壓 (6) 息

❺ (1) ②　(2) ②　(3) ④　(4) ④

❻ (1) 暗　(2) 失　(3) 樂　(4) 今

❼ (1) 設　(2) 視　(3) 申, 報　(4) 眼

❽ (1) 眼　(2) 消　(3) 燈　(4) 罰

❾ (1) ①　(2) ②　(3) ①　(4) ②　(5) ①

❿ (1) 時空　(2) 試行　(3) 失時　(4) 時計
※이외에도 여러 가지 답이 가능합니다

⓫ (1) 베풀어 차리는 것. 또는 그 차려놓은 것
(2) 시를 모아 엮은 책
(3) 일의 도중에서 잠깐 쉬는 것
(4) 사물을 보고 분별하는 견식

⓬ (1) 圧 (2) 観, 观 (3) 参 (4) 写, 写, 寫

★퍼즐로 한자를(56p)

深	深	山	川		② 内	視	鏡
海						覺	
		④ 姓	氏				⑨ 消
			族			子	息
⑥ 内			社				不
申	告		會	⑩ 近			通
				視			
			眼	下	無	人	

제 5회 기출 및 예상 문제 (64p~66p)

❶ (1) 조선 (2) 기상 (3) 발전 (4) 국방 (5) 영토

기출 및 예상문제 해답

❷ (6) 百姓　(7) 關心　(8) 時計　(9) 活字
(10) 發明品　(11) 農事　(12) 傳來　(13) 固有
(14) 樂器　(15) 國境

❸ (1) 액면　(2) 연기　(3) 역설　(4) 연수
(5) 모양　(6) 여념　(7) 결여　(8) 양상
(9) 기여　(10) 역경　(11) 여가　(12) 양모
(13) 엄격　(14) 역류　(15) 엄숙　(16) 거역
(17) 연구　(18) 여전　(19) 연착　(20) 여백
(21) 엄친　(22) 여당　(23) 교역　(24) 영역
(25) 지역　(26) 연명　(27) 연장　(28) 산양
(29) 안이　(30) 성역

❹ (1) 더불/줄 여　(2) 양 양　(3) 모양 양
(4) 갈 연　(5) 같을 여　(6) 늘일 연
(7) 남을 여　(8) 바꿀 역/쉬울 이
(9) 거스릴 역　(10) 지경 역

❺ (1) 野　(2) 難　(3) 順　(4) 凶

❻ (1) 參　(2) 究　(3) 競　(4) 堅

❼ (1) 樣　(2) 與　(3) 易　(4) 如

❽ (1) 養母　(2) 洋式　(3) 力說　(4) 年長
※이외에도 여러 가지 답이 가능합니다

❾ (1) 사물의 특성이나 내용, 형식 등이 여러 가지로 많다
(2) 종이와 같은 평면에 그림이나 글씨가 채워지지 않고 남은 빈 부분
(3) 사는 과정에서 겪게 되는 불행하거나 힘든 상황
(4) 깊이 있게 조사하고 생각하여 이치나 사실을 밝히는 것

❿ (1) 様　(2) 与　(3) 余　(4) 国

★퍼즐로 한자를(68p)

易地思之			多	
考			各様各色	
		拒		
始	忠言逆耳		
終			廣
生不如死	簡	領域
	一	交易	市

제 6회 기출 및 예상 문제 (76p~78p)

❶ (1) 연기　(2) 예매　(3) 연극　(4) 가연
(5) 영리　(6) 영사　(7) 연고　(8) 흑연
(9) 경영　(10) 방영　(11) 연기　(12) 예술
(13) 강연　(14) 곡예　(15) 출연　(16) 오산
(17) 병영　(18) 연료　(19) 예견　(20) 금연
(21) 예감　(22) 연유　(23) 인연　(24) 영업
(25) 봉영　(26) 영합

❷ (1) 미리 예　(2) 납 연　(3) 펼 연
(4) 탈 연　(5) 재주 예　(6) 연기 연
(7) 비칠 영　(8) 영화 영　(9) 경영할 영
(10) 인연 연

❸ (1) 技藝　(2) 誤用　(3) 講演　(4) 禁煙
(5) 燃料　(6) 豫感　(7) 奉迎　(8) 反映
(9) 榮樂　(10) 經營

❹ (1) 煙　(2) 營　(3) 演　(4) 榮
(5) 緣　(6) 迎

❺ (1) ③　(2) ①　(3) ②　(4) ④

❻ (1) 送　(2) 正　(3) 惡　(4) 敗

❼ (1) 藝, 術　(2) 過　(3) 幸　(4) 冷

❽ (1) 緣　(2) 迎　(3) 嚴　(4) 終

❾ (1) ④　(2) ④　(3) ③　(4) ③　(5) ①

❿ (1) 불에 탈 수 있음
(2) ① 잘못 셈하는 것 ② 이해관계를 잘못 계산하는 것. 또는 그 계산
(3) 영리를 목적으로 사업을 경영하는 것
(4) 예술, 기능 따위의 재주를 겨루는 것

⓫ (1) 栄　(2) 予　(3) 芸　(4) 権, 权

★퍼즐로 한자를(80p)

可燃性		因
料		緣未求魚
	送舊迎新	反映
	入	畵
營利	甲
業	富貴榮華

제 7회 기출 및 예상 문제 (88p~90p)

❶ (1) 경우 (2) 단체 (3) 선거 (4) 의미
❷ (5) 廣告 (6) 每日 (7) 成敗 (8) 安全
(9) 節約 (10) 出現 (11) 本格的 (12) 中葉
(13) 當時 (14) 末期
❸ (1) 농요 (2) 우대 (3) 발원 (4) 원형
(5) 옥대 (6) 불우 (7) 왕년 (8) 용량
(9) 우등 (10) 우수 (11) 가요 (12) 인원
(13) 옥경 (14) 민요 (15) 원만 (16) 왕래
(17) 용납 (18) 숙원 (19) 교원 (20) 우세
(21) 대우 (22) 원망 (23) 구원 (24) 어원
(25) 우송 (26) 근원 (27) 원성 (28) 옥골
(29) 사원 (30) 우편
❹ (1) 도울 원 (2) 갈 왕 (3) 원망할 원
(4) 얼굴 용 (5) 둥글 원 (6) 우편 우
(7) 넉넉할 우 (8) 노래 요 (9) 인원 원
(10) 만날 우
❺ (1) 石 (2) 來, 復 (3) 恩 (4) 舊
❻ (1) 謠 (2) 擊 (3) 服 (4) 告
❼ (1) 往 (2) 援 (3) 如
❽ (1) ① (2) ① (3) ③ (4) ②
❾ (1) 右便 (2) 願望 (3) 大雨 (4) 舊怨
※이외에도 여러 가지 답이 가능합니다
❿ (1) 発 (2) 竜 (3) 当 (4) 読

★퍼즐로 한자를(92p)

說				②民		
往	年			農	謠	⑤禮
說						不	遇
來		郵	送			
			便			
		孤	立	無	援		語
				助		根	源

제 8회 기출 및 예상 문제(102p~104p)

❶ (1) 수위 (2) 위용 (3) 위중 (4) 범위
(5) 안위 (6) 위문 (7) 위원 (8) 유모
(9) 보은 (10) 위세 (11) 음산 (12) 위급
(13) 위로 (14) 음양 (15) 유세 (16) 유물
(17) 영위 (18) 유산 (19) 위립 (20) 육친
(21) 위기 (22) 응원 (23) 음흉 (24) 위임
(25) 위신 (26) 위안
❷ (1) 위태할 위 (2) 은혜 은 (3) 응할 응
(4) 하/할 위 (5) 숨을 은 (6) 위로할 위
(7) 지킬 위 (8) 젖 유 (9) 맡길 위
(10) 남길 유
❸ (1) 遊牧 (2) 應試 (3) 防衛 (4) 恩師
(5) 委任 (6) 危急 (7) 儒生 (8) 範圍
(9) 肉親 (10) 隱居
❹ (1) 儒 (2) 圍 (3) 威 (4) 陰
(5) 肉 (6) 遊
❺ (1) ③ (2) ③ (3) ② (4) ④
❻ (1) 危 (2) 恩 (3) 陽 (4) 黑
❼ (1) 肉 (2) 到 (3) 慮 (4) 界
❽ (1) 危 (2) 爲 (3) 恩 (4) 肉
❾ (1) ④ (2) ② (3) ③ (4) ④
❿ (1) 衛國 (2) 偉人 (3) 自衛 (4) 遺世
※이외에도 여러 가지 답이 가능합니다
⓫ (1) 圍 (2) 応 (3) 宝 (4) 変

★퍼즐로 한자를(106p)

①安	居	②危	思		③威	風	堂	堂
		機			容			
		一						④人
		髮						工
		⑤因	果	應	報		防	衛
				試				星
⑧無	爲	徒	食			斷		
	人					⑪弱	肉	强	食

모의고사 해답

제 1회
모의 한자능력 검정시험

1. 기세
2. 건설
3. 세부
4. 요소
5. 위인
6. 응시
7. 오산
8. 결여
9. 안약
10. 연기
11. 순결
12. 축복
13. 속담
14. 세금
15. 세면
16. 부부
17. 성인
18. 유성
19. 효과
20. 전승
21. 음지
22. 수위
23. 송신
24. 예능
25. 담소
26. 소복
27. 왕래
28. 수입
29. 필시
30. 휴식
31. 시집
32. 심화
33. 명암
34. 수액
35. 여백
36. 쉴 식
37. 펼 연
38. 쓸 소
39. 보낼 송
40. 근심 환
41. 잡을 조
42. 무리 류
43. 굳셀 건
44. 줄 급
45. 납 신
46. 나눌 반
47. 손자 손
48. 책상 안
49. 붓 필
50. 높을 탁
51. 베낄 사
52. 재앙 재
53. 널 판
54. 섬길 사
55. 맡길 임
56. 헤아릴 료
57. 갖출 구
58. 價格
59. 記事
60. 原理
61. 勝利
62. 廣大
63. 週末
64. 節約
65. 反省
66. 朗讀
67. 基本
68. 登校
69. 然後
70. 種類
71. 消費
72. 過失
73. 育成
74. 空中
75. 對比
76. 例示
77. 强弱
78. 加
79. 班
80. 凶
81. 使
82. 讀
83. 空
84. 声
85. 芸
86. 昼
87. 曲
88. 末
89. 高
90. 光
91. 見
92. 變
93. 無
94. 必
95. 木
96. 匕
97. 心
98. 옛날부터 그 사회에 전해 오는 생활 전반에 걸친 습관 따위를 이르는 말
99. 물이 거슬러 흐름
100. 물건, 편지, 서류 따위를 우편이나 운송 수단을 이용하여 보냄

제 2회
모의 한자능력 검정시험

1. 감상
2. 허가
3. 응원
4. 은거
5. 위급
6. 소속
7. 납세
8. 운송
9. 당숙
10. 청순
11. 우수
12. 내신
13. 영역
14. 엄숙
15. 연수
16. 오용
17. 반영
18. 속요
19. 원망
20. 활력
21. 시선
22. 유림
23. 승계
24. 연기
25. 위안
26. 위국
27. 면학
28. 수목
29. 엽서
30. 담보
31. 이마 액
32. 남을 여
33. 소나무 송
34. 감독할 독
35. 둥글 원
36. 어제 작
37. 봄 춘
38. 서녘 서
39. 늘일 연
40. 섬 도
41. 받을 수
42. 놓을 방
43. 변할 변
44. 사례할 사
45. 띠 대
46. 고를 균
47. 베풀 시
48. 바람 풍
49. 호수 호

50. 헤아릴 량
51. 다리 교
52. 친할 친
53. 번개 전
54. 신하 신
55. 인할 인
56. 鮮明
57. 出席
58. 算出
59. 規則
60. 開始
61. 世界
62. 養魚
63. 心身
64. 生死
65. 集合
66. ③
67. ⑦
68. ⑧
69. 鉄
70. 気
71. 児
72. 獨
73. 傳
74. 舊
75. 會
76. 別
77. 算
78. 體
79. 到
80. 重
81. 樂
82. 明
83. 公
84. 正
85. 舌
86. 田
87. 手
88. 長

89. 敎
90. 地
91. 災
92. 溫
93. 道路
94. 童心
95. 市場
96. 力士
97. 全力
98. 현
99. 세
100. 기쁠

제 3회
모의 한자능력 검정시험
1. 시설
2. 휴식
3. 선교
4. 강성
5. 엄선
6. 금액
7. 영리
8. 곡예
9. 용납
10. 우승
11. 방위
12. 범위
13. 육친
14. 응당
15. 장소
16. 성벽
17. 소박
18. 추수
19. 다양
20. 수령
21. 단순
22. 동시
23. 시도
24. 숙청
25. 거역

26. 경연
27. 옥대
28. 원성
29. 산고
30. 육성
31. 다칠 상
32. 덜 손
33. 갖출 비
34. 다할/궁할 궁
35. 뜻 정
36. 위태할 위
37. 겉 표
38. 깨끗할 결
39. 곳집 고
40. 생각할 려
41. 터럭 모
42. 칠 벌
43. 얻을 득
44. 넓을 광
45. 숨을 은
46. 다툴 쟁
47. 얼음 빙
48. 일 사
49. 나무 수
50. 바탕 질
51. 이를 치
52. 얼굴 용
53. 囲
54. 応
55. 会
56. ①
57. ④
58. ⑧
59. 計算
60. 陽地
61. 運動
62. 時間
63. 說明
64. 民族
65. 思

66. 音
67. 過
68. 算
69. 別, 分
70. 是
71. 順
72. 敗
73. 來
74. 石
75. 臼
76. 乙
77. 厶
78. 結草
79. 行賞
80. 在天
81. 無患
82. 樂道
83. 改量
84. 敬老
85. 大風
86. 國史
87. 時空
88. 固有
89. 平和
90. 展示
91. 讀書
92. 建物
93. 湖水
94. 食卓
95. 落葉
96. 春夏秋冬
97. 항
98. 미워할
99. 幸福
100. 首都

※4급 4급Ⅱ ③과정을 마친 다음에
  모의고사 답을 이 곳에 기재하세요.

수험번호 □□□-□□-□□□□   성명 □□□□□

생년월일 □□□□□□   ※주민등록번호 앞 6자리 숫자를 기입하십시오.   ※성명을 한글로 작성.
                                                              ※필기구는 검정색 볼펜만 가능

※ 답안지는 컴퓨터로 처리되므로 구기거나 더럽히지 마시고, 정답 칸 안에만 쓰십시오.
   글씨가 채점란으로 들어오면 오답처리가 됩니다.

제 1회 전국한자능력검정시험 4급Ⅱ 답안지(1) (시험시간: 50분)

번호	정 답	1검	2검	번호	정 답	1검	2검	번호	정 답	1검	2검
1				17				33			
2				18				34			
3				19				35			
4				20				36			
5				21				37			
6				22				38			
7				23				39			
8				24				40			
9				25				41			
10				26				42			
11				27				43			
12				28				44			
13				29				45			
14				30				46			
15				31				47			
16				32				48			

감독위원	채점위원(1)		채점위원(2)		채점위원(3)	
(서명)	(득점)	(서명)	(득점)	(서명)	(득점)	(서명)

※ 답안지는 컴퓨터로 처리되므로 구기거나 더럽히지 마시고, 정답 칸 안에만 쓰십시오. 글씨가 채점란으로 들어오면 오답처리가 됩니다.

제 1회 전국한자능력검정시험 4급Ⅱ 답안지(2)

번호	정답	1검	2검	번호	정답	1검	2검	번호	정답	1검	2검
49				67				85			
50				68				86			
51				69				87			
52				70				88			
53				71				89			
54				72				90			
55				73				91			
56				74				92			
57				75				93			
58				76				94			
59				77				95			
60				78				96			
61				79				97			
62				80				98			
63				81				99			
64				82				100			
65				83							
66				84							

수험번호 ☐☐☐ - ☐☐ - ☐☐☐☐　　　성명 ☐☐☐☐☐

생년월일 ☐☐☐☐☐☐　※주민등록번호 앞 6자리 숫자를 기입하십시오.　※성명을 한글로 작성.
　　　　　　　　　　　　　　　　　　　　　　　　　※필기구는 검정색 볼펜만 가능

※ 답안지는 컴퓨터로 처리되므로 구기거나 더럽히지 마시고, 정답 칸 안에만 쓰십시오.
　 글씨가 채점란으로 들어오면 오답처리가 됩니다.

제 2회 전국한자능력검정시험 4급 답안지(1) (시험시간: 50분)

번호	정 답	1검	2검	번호	정 답	1검	2검	번호	정 답	1검	2검
1				17				33			
2				18				34			
3				19				35			
4				20				36			
5				21				37			
6				22				38			
7				23				39			
8				24				40			
9				25				41			
10				26				42			
11				27				43			
12				28				44			
13				29				45			
14				30				46			
15				31				47			
16				32				48			

감독위원	채점위원(1)		채점위원(2)		채점위원(3)	
(서명)	(득점)	(서명)	(득점)	(서명)	(득점)	(서명)

제 2회 전국한자능력검정시험 4급 답안지(2)

번호	정답	1검	2검	번호	정답	1검	2검	번호	정답	1검	2검
49				67				85			
50				68				86			
51				69				87			
52				70				88			
53				71				89			
54				72				90			
55				73				91			
56				74				92			
57				75				93			
58				76				94			
59				77				95			
60				78				96			
61				79				97			
62				80				98			
63				81				99			
64				82				100			
65				83							
66				84							

*위 표의 답안란/채점란 머리글은 3개 열 그룹에 각각 "답안란(번호·정답), 채점란(1검·2검)"으로 반복됨.

수험번호 ☐☐☐-☐☐-☐☐☐☐   성명 ☐☐☐☐☐

생년월일 ☐☐☐☐☐☐   ※주민등록번호 앞 6자리 숫자를 기입하십시오.   ※성명을 한글로 작성.
※필기구는 검정색 볼펜만 가능

※ 답안지는 컴퓨터로 처리되므로 구기거나 더럽히지 마시고, 정답 칸 안에만 쓰십시오.
글씨가 채점란으로 들어오면 오답처리가 됩니다.

제 3회 전국한자능력검정시험 4급 답안지(1) (시험시간: 50분)

번호	정답	1검	2검	번호	정답	1검	2검	번호	정답	1검	2검
1				17				33			
2				18				34			
3				19				35			
4				20				36			
5				21				37			
6				22				38			
7				23				39			
8				24				40			
9				25				41			
10				26				42			
11				27				43			
12				28				44			
13				29				45			
14				30				46			
15				31				47			
16				32				48			

감독위원	채점위원(1)		채점위원(2)		채점위원(3)	
(서명)	(득점)	(서명)	(득점)	(서명)	(득점)	(서명)

※ 답안지는 컴퓨터로 처리되므로 구기거나 더럽히지 마시고, 정답 칸 안에만 쓰십시오. 글씨가 채점란으로 들어오면 오답처리가 됩니다.

제 3회 전국한자능력검정시험 4급 답안지(2)

번호	정 답	1검	2검	번호	정 답	1검	2검	번호	정 답	1검	2검
49				67				85			
50				68				86			
51				69				87			
52				70				88			
53				71				89			
54				72				90			
55				73				91			
56				74				92			
57				75				93			
58				76				94			
59				77				95			
60				78				96			
61				79				97			
62				80				98			
63				81				99			
64				82				100			
65				83							
66				84							